Software-Technologien und -Prozesse

Softwareprodukte und Produktmanagement

Konferenz STeP 2008, Hochschule Furtwangen

Herausgegeben von
Prof. Dr. Mohsen Rezagholi,
Prof. Dr. Bernhard Hollunder

Oldenbourg Verlag München

Bibliografische Information der Deutschen Nationalbibliothek

Die Deutsche Nationalbibliothek verzeichnet diese Publikation in der Deutschen
Nationalbibliografie; detaillierte bibliografische Daten sind im Internet über
<http://dnb.d-nb.de> abrufbar.

© 2008 Oldenbourg Wissenschaftsverlag GmbH
Rosenheimer Straße 145, D-81671 München
Telefon: (089) 4 50 51-0
oldenbourg.de

Lektorat: Dr. Margit Roth
Herstellung: Anna Grosser
Coverentwurf: Kochan & Partner, München
Gedruckt auf säure- und chlorfreiem Papier
Gesamtherstellung: Grafik + Druck, München

ISBN 978-3-486-58833-0

Inhaltsverzeichnis

Konferenz STeP 2008

Veranstalter

Fakultät Informatik

Hochschule Furtwangen – Informatik, Technik, Wirtschaft, Medien

Organisation

Prof. Dr. Lothar Piepmeyer, Hochschule Furtwangen (Leitung)

Gabriela Mai, Hochschule Furtwangen

Programmkomitee

Andelfinger, Urs, Hochschule Darmstadt

Fehrer, Detlef, Sick AG, Waldkirch

Hollunder, Bernhard, Hochschule Furtwangen (Leitung)

Koch, Thomas, Credit Suisse, Zürich

Lebsanft, Karl, Siemens AG, München

Lehner, Franz, Universität Passau

Lenz, Gunther, Siemens Corporate Research, Princeton

Liggesmeyer, Peter, Universität Kaiserslautern

Mühlhäuser, Max, TU Darmstadt

Pfahl, Dietmar, University of Calgary

Pomberger, Gustav, Universität Linz

Rezagholi, Mohsen, Hochschule Furtwangen (Leitung)

Sneed, Harry M., Anecon, Wien

Wallmüller, Ernest, ITQ, Zürich

Sponsoren

Siemens AG

IBM Deutschland

Sick AG

M&M Software

Vorwort

Software hat in vielen Bereichen des wirtschaftlichen und täglichen Lebens und damit für zahlreiche Unternehmen eine hohe strategische Bedeutung erlangt. In vielen Produkten und Systemen nimmt der Anteil an Software beständig zu: Zum einen durch die laufende Erweiterung des Leistungsumfangs dieser Produkte und zum anderen durch die zunehmende Verlagerung von Hardware-Funktionalität in Software.

Der steigende Anteil an Software zusammen mit der Tatsache, dass neue Aufgabenstellungen die Realisierung innovativer Softwareprodukte und Dienstleistungen bedingen, lassen den Aufwand für Entwicklung, Wartung und Weiterentwicklung von Software steigen. Dadurch werden die Definition, Realisierung und Vermarktung der Software zu zentralen Aktivitäten im Unternehmen.

Softwareunternehmen können ihren Geschäftserfolg sichern, wenn sie marktgerechte Produkte und Dienstleistungen bereitstellen: Produkte, die Kundenerwartungen im Hinblick auf funktionale Eigenschaft, Qualität und Preis erfüllen und rechtzeitig eingeführt werden. Die Entwicklung marktgerechter Produkte wird dabei von der Qualität der ihnen zugrunde liegenden Entwicklungsprozesse und von der Qualität der eingesetzten Technologien bestimmt.

Die im Rahmen des Software Engineering seit Jahrzehnten stattfindenden Diskussionen bestätigen diesen Sachverhalt:

Die These „bessere Prozesse führen zu besseren Produkten" ist weitgehend akzeptiert: Eine Vielzahl von weltweit durchgeführten Untersuchungen bestätigt den Zusammenhang zwischen der Qualität einer Software und der Qualität des zu ihrer Entwicklung angewandten Prozesses. Die These gilt insbesondere bei Weiterentwicklungen (Variantenentwicklungen sowie Wartungs-, Migrations- und Integrations-Projekten); bei Neuentwicklungen gilt sie eingeschränkt, da hier der Erfolg neuer Produkte in größerem Ausmaß von eingesetzten Technologien abhängt als vom Entwicklungsprozess. Auch der Anteil an intellektuellen Tätigkeiten ist bei Neuentwicklungen wesentlich höher als bei Weiterentwicklungen, wo sich viele Tätigkeiten im Laufe der Zeit einspielen und zu einem Prozess definieren lassen. Insgesamt machen aber die standardisierbaren Weiterentwicklungen den beträchtlichen Teil der Gesamtentwicklung in einem Softwareunternehmen aus. Auch zu beachten ist, dass größere Softwareprojekte gegenüber Prozessmängel und -schwächen anfälliger sind als die kleinen Projekte.

Die Bedeutung von Softwareprozessen für die Entwicklung qualitativ hochwertiger Softwareprodukte wird seit Anfang der neunziger Jahre verstärkt diskutiert. Zu diesem Zeitpunkt setzte sich immer mehr die Erkenntnis durch, dass viele Probleme der Softwareentwicklung, insbesondere Termin- und Kostenüberschreitungen, auf Unzulänglichkeiten des Entwicklungsprozesses zurückzuführen sind. Seitdem wurden mehrere Ansätze entwickelt, um Softwareentwicklungsprozesse systematisch zu bewerten und zu verbessern. Zwei prominente Beispiele solcher Ansätze sind Software Process Improvement & Capability dEtermination (SPICE, offizielle Bezeichnung: ISO 15504) und Capability Maturity Model-Integrated (CMMI).

Die zweite These, „bessere Technologien führen zu besseren Produkten" hat bereits seit Anfängen der Softwareentwicklung Bestand: Im Laufe der Zeit haben immer leistungsfähigere Entwicklungswerkzeuge und Softwaretechnologien die Produktivität der Entwicklung und die Qualität des Softwareproduktes verbessert, oder es zumindest ermöglicht, mit der wachsenden Komplexität der Software und steigenden Qualitätsanforderungen besser fertig zu werden.

Insbesondere wenn der Qualitätsbegriff weiter gefasst wird, d. h. wenn die Softwarequalität nicht nur als Reduktion der Fehler, sondern in direktem Zusammenhang mit Wertsteigerung und Kundenzufriedenheit betrachtet wird, dann führen bessere Technologien – ob nun als angemessene Nutzung von Technologien oder der Einsatz geeigneter Technologien – zu besseren Produkten. Der Grund hierfür ist, dass die Menge der Leistungsmerkmale und ihre Realisierung in Form eines Produktes durch die Kombination von Prozesstechnologien (Entwicklungsparadigmen und CASE-werkzeuge) und Produkttechnologien (wie etwa Middleware-Technologien und Kommunikationsprotokolle) bestimmt ist.

Zudem machen die große Vielfalt an Softwaretechnologien und Entwicklungswerkzeugen und der oft kurze Lebenszyklus von Softwaretechnologien ein gezieltes Auswählen von Alternativen unabdingbar.

„Softwareprozesse" und „Softwaretechnologien" stellen also zwei wesentliche Faktoren der Softwareentwicklung dar, wenngleich mit unterschiedlicher Bedeutungen: In der Regel geben die Art und der Umfang der Softwareprojekte Hinweise, ob und welche Prozesse oder Technologien bei der Ausschöpfung von Qualitätssteigerungspotentialen bedeutsamer sind.

Über die zwei genanten Thesen hinaus sind sich die Fachleute auch einig, dass Software Engineering sich mit den praktischen Problemen der Softwareentwicklung beschäftigt – seine Entstehung lässt sich letztendlich auf die Probleme zurückführen, die bei der Erstellung großer Softwaresysteme entstehen. So lassen sich die meisten Errungenschaften des Software Engineering, ob Methoden, Techniken, Beschreibungsmodelle, Notationen, Konventionen oder Empfehlungen theoriebasiert weder beweisen noch widerlegen. Sie können lediglich experimentell, d. h. aufgrund der Erfahrungen und Erkenntnisse aus ihrem praktischen Einsatz, in ihrer Wirtschaftlichkeit und Wirksamkeit beurteilt werden. Daher rührt auch der in der Literatur zur Softwareentwicklung verwendete Begriff *Best Practices*. Mit diesem werden alle Methoden, Techniken und Modelle des Software Engineering charakterisiert, die aus der Erfahrung heraus bestätigt wurden und folglich auch durch sie widerlegt werden können.

Mit der Konferenz „Software-Technologien und -Prozesse (STeP)" wurde eine Plattform geschaffen zur Diskussion und zum Erfahrungsaustausch zu allen Aspekten der Softwaretechnologien und -Prozesse unter Experten aus der Praxis und Wissenschaft. Der Schwerpunkt der diesjährigen Konferenz bildet das Softwareprodukt und Produktmanagement.

Der vorliegende Tagungsband besteht aus zwei Teilen: Teil 1 umfasst die Konferenz-Vorträge; Teil 2 enthält die Beschreibung zu den beiden Tutorials.

Der Beitrag "Application area for multiple software product lines in automotive development" befasst sich zunächst mit vorhandenen Prozessen und Methoden der Produktlinienentwicklung und diskutiert anschließend einen Prozess für die Software-Produktlinien in der Fahrzeugindustrie; dabei wird die Kunden/Lieferanten-Beziehung besonders betrachtet. Hingegen befasst sich der darauf folgende Beitrag (Potenziale MDA-gestützter Integrationsprojekte im Anwendungskontext Versicherungswirtschaft) mit einem betriebswirtschaftlichen Anwendungsfall. Die Autoren zeigen, wie die Konzepte der Model Driven Architecture in Verbindung mit einer domänenspezifischen Sprache zur Reduktion der Komplexität und des Realisierungsaufwands bei der Integration von Anwendungen beitragen. Der Aspekt „Integration" spielt auch im dritten Beitrag (Software Factory für Diagnosebausteine in der Automatisierungstechnik) eine wichtige Rolle: Intelligente Softwarebausteine ermöglichen die Integration von Komponenten unterschiedlicher Hersteller in einem Steuerungssystem. Eine domänenspezifische Sprache unterstützt diese Integration.

Der Beitrag „Sicherheitsaspekte und Datenreplikation in einer SOA" diskutiert insbesondere die Authentifizierungs- und Datenreplikations-Probleme, die bei der Integration von neuen und alten Systemen und Daten entstehen. Die Autoren beschreiben den Einsatz einer SOA-Plattform bei der Zusammenführung von Daten.

Der Prozess zur Definition und Entwicklung von Service-orientierten Architekturen ist aufwändig. Die Service Component Architecture (SCA) zielt auf die Vereinfachung dieses Prozesses. Der Beitrag „SCA Policy Framework" bewertet den SCA-Ansatz im Hinblick auf die Beschreibung von Gütekriterien von SCA-konformen Softwarekomponenten.

Der letzte Beitrag (Asset Erhalt bei der Legacy Modernisierung) diskutiert die Notwendigkeit und die Wege der Modernisierung von Softwareprodukten, wenn diese die aktuellen Anforderungen des Marktes nicht mehr erfüllen oder nicht mehr mit angemessenem Aufwand gewartet oder weiterentwickelt werden können.

Die beiden Tutorials setzen sich mit den praktischen Aspekten einer modelgetriebenen Softwareentwicklung auseinander und beleuchten die Themen: Modelgetriebene Softwareentwicklung mit Eclipse sowie Aufbau, Funktionsweise und Erweiterbarkeit eines Softwaregenerators.

An der Organisation der Konferenz und an der Entstehung dieses Tagungsbandes waren viele Persönlichkeiten beteiligt. Wir sind unseren Kollegen aus der Fakultät Informatik der Hochschule Furtwangen, allen voran Herrn Prof. Dr. Piepmeyer und Frau Gabriela Mai, den Rektor der Hochschule, Herrn Prof. Dr. Rolf Schofer, und allen beteiligten Mitarbeitern der Hochschule zu besonderem Dank verpflichtet. Ferner gebührt unser Dank dem Programmkomitee für die Begutachtung der Beiträge und seinen Einsatz den engen Terminplan einzuhalten. Dem Oldenbourg Verlag danken wir für die Bereitschaft zur und Unterstützung bei der Veröffentlichung des Tagungsbandes.

Mohsen Rezagholi

Bernhard Hollunder

Teil 1: Vorträge

Application area for multiple software product lines in automotive development

Uwe Beher

uwe.beher@esg.de

ESG Elektroniksystem- und Logistik-GmbH

www.esg.de

Guenter Boenisch

Guenter.Boenisch@continental-corporation.com

Continental AG

www.conti-online.com

Mike Heidrich

mike.heidrich@esk.fraunhofer.de

Fraunhofer Einrichtung Systeme der Kommunikationstechnik (ESK)

www.esk.fraunhofer.de

Content

Abstract

Since today's well known software product lines (SPL) approaches [1] [2] [4] [5] [6] [7] [8] [9] [12] focus on one single SPL, a methodology for connection and adjustment of multiple product lines is needed. The paper will shortly survey existing processes and methods e.g. FODA [4] for product lines and show adaptations to automotive industry. The focus of the paper will be an adapted process for automotive functional development, which is based on multiple software product lines (MSPL) and particularly regards customer-supplier relationship. It will propose a general SPL interface to manage using MSPL. The interface consists of a SPL Interface Methodology which defines steps for the adjustment of two or more different SPLs as well as a data interface (SPL Interface Data) which defines a data format for the exchange between different SPL tools. The SPL adjustment is demonstrated with a case study of an imaginary advanced driver assistance system called mobilSoft Adaptive Cruise Control (MCC), which consists of three product lines, one for the whole MCC and two for the subsystems linear tracking and traverse control.

Keywords: software product lines, multiple software product lines, SPL Interface Methodology, SPL Interface Data

1 Introduction

In automotive functional development aspects like software reliability and productivity draw more and more attention. As a consequence automotive manufacturers and suppliers address improved software engineering processes; introducing software product lines (SPL) increases reuse of software elements and supports accomplishing higher quality at less effort. Implementing improved SPL adaptations for automotive industry was the aim of the research program mobilSoft [14]. With the help of latest scientific methods and the experiences of the partners in industry, which were automotive manufacturers and suppliers, purposive solutions for manifold requirements to existing development processes especially for automotive application were found. Among these requirements were short development timelines, less development effort and high quality for each single software element. At the same time development processes are facing increasing variability and complexity of the final products.

Four steps were stated as necessary for Automotive OEMs or suppliers to obtain optimized SPLs and to get to a functional demonstrator, which verifies the feasibility of the planned adaptations for the SPL. The first step was an analysis at automotive manufactures and suppliers which lead to global requirements and characteristics for automotive SPLs and supporting processes. The second step was the evaluation of existing methods and tools, which define the technical state of the art, with the requirements found. The third step was evolving a specification of an automotive specific SPL, because existing approaches for SPLs were not particularly made for automotive application. The last step was the setup of a demonstrator, where the appropriate processes and methods were verified. Aim of this last step is not only proofing the concept of an adapted process, but also testing acceptance of comprehensive tool landscapes which are often combined with the introduction of integrated approaches.

Among these four steps the analysis of existing methods in the academic environment and available tools on the market turned out to be an appropriate basis for introducing SPLs improvements. In order to adapt existing tools to fit into existing processes, systematic and purposive investigations and determination of efforts are necessary. Especially introducing new methods in existing complex development structures is a critical task and needs well substantiated decision points.

Additionally, existing methods and processes were investigated for coverage of the interface between automotive OEMs and suppliers. Because of missing approaches for this important task in automotive development, additional methods were evolved which fit into to existing SPL as an extension of the process framework. The paper will have a main focus on this aspect and will propose an SPL Interface Methodology for adjustment of two or more different SPLs and SPL Interface Data as data interface during parallel development in different organizations. The result of applying these interfaces is a connection of single SPLs to a Multiple Software Product Line (MSPL).

2 State of the art software product lines

2.1 Existing SPL approaches

The arrangement of software development as a software product line is an effective method for increasing reuse in software development and well known in branches with high software share.

It was initially applied e.g. in telecommunication, medical equipment or consumer products, but recently automotive industry shows increasing interest as well. In table 1, a short overview of existing SPL approaches is given. The listed SPL approaches mainly differ in the focus on software engineering tasks. The approaches can be classified in terms of two dominating characteristics.

- The phases of software engineering including scoping, analysis, design or implementation of software components

- Main process areas of a SPL, which are domain engineering and application engineering and which have their focus on designing and applying the SPL.

Figure 1 shows the coverage of the different approaches in terms of the different software engineering phases and SPL process areas. The range of the coverage extends from very specialized tasks for SPLs up to integrated and comprehensive process models.

Short	Name	Short description
FODA	Feature Oriented Domain Analysis	Domain analysis method based on feature trees [4]
FORM	Feature Oriented Reuse Method	Extension of FODA for domain design [5]
COPA	Component Oriented Platform Architecting Method	Approach for setup of SPLs based on architecture and component assets [8]
FAST	Family-Oriented Abstraction Specification Translation	Total SPL framework [12]
QADA	Quality Driven Architecture Design	Quality oriented software design [7]
PuLSE	Product Line Software Engineering	Generic and comprehensive framework for SPL [2]
KobrA	Komponen- tenbasierte Anwendungs-	Component based software development, application of PuLSE [1]

	entwicklung	
EAST-ADL	EAST - Architecture Description Language	Usage of variants in automotive software design [6]
pure:: variants	pure::variants	SPL modeling tool [9] [pure::systems]

Table 1: Overview of SPL approaches

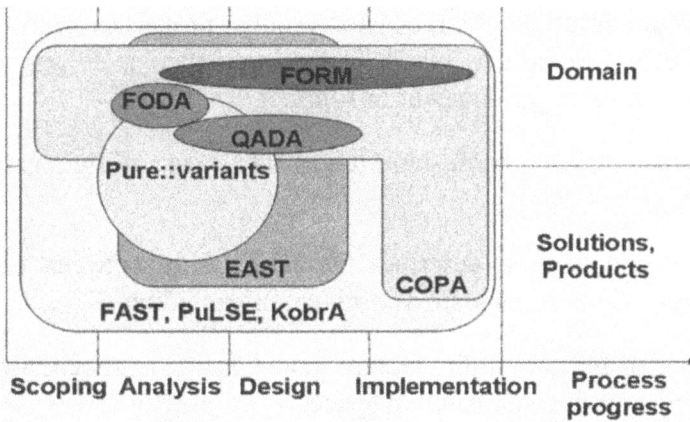

Figure 1: Coverage of SPL approaches

The application of one of these approaches as whole or partial as individual interpretation of the SPL methodology is, in some instances, realized at automotive manufacturers or suppliers. However, the adaptation of the given approaches to the needs of automotive product development remains being a very complex task and only few parts of the listed approaches fit in the special automotive environment. Thus the following chapter proposes characteristics needed for a SPL to be suitable as an (automotive) MSPL.

2.2 Characteristics of an automotive SPL

Regarding [13] the SPL is divided into the process areas domain engineering and application engineering. Domain engineering leads to the setup of the software product family and the design of the assets, application engineering deploys the assets of the software product family in order to generate a final product. As preface for a generative approach [3] the automotive SPL is divided into requirements space and solution space. This results in the following alignments of the SPL:

- Domain analysis is the requirements space of the domain engineering

- Domain design is the solution space for the domain engineering

- Application analysis is the requirements space of the application engineering

- Application design is the solution space for the application engineering

A common method for organizing and illustrating in the requirements space is the usage of feature models for variant requirements, which include features and the relations between features. Generally a feature model e.g. FODA represents all possible requirements which can be met by the product family.

- A Feature describes the requested product properties from the point of view of a stakeholder, which in the context of a SPL is a customer, developer, manager, investor or supplier.

- A feature reflects single requirements or a set of aggregated requirements.

- The feature relation describes the relationship between one or more features, which is mandatory, optional or excluding.

The selections of features in the feature model during application engineering builds up single products of solution space.

The solution space contains a solution model for the domain and the resulting solutions by specific selections in the solution model. The solution selection itself is the result of decisions made along the solution path. The solution model consists of selected assets and their relationship. An asset is the smallest unit of a solution model and can't be divided into smaller units. Assets can be categorized into three types.

- A basic asset is a solution, which can be used in many products without any change.

- A customized asset is a basic asset, which can be used in many products and which includes complete calibration possibilities.

- A specific asset is a solution for only one product, which is initially introduced into the product family and which aims at utilization for further products.

For example an innovation is a specific asset that is implemented in a product for the first time and which, in the case of a successful introduction in the market, is planned to be extended to other products as customized or basic asset. Aligning the design of an asset with an existing product family eases the implementation of the project specific solution into the SPL.

The feature-asset relation expresses the relationship between an asset and a feature. Because of a feature being a set of one or more requirements, an assignment between requirements and solution is achieved. The FA Linker (feature asset linker) includes the relationship between chosen features and related assets and thus regards only the relevant subset from the total set of all feature asset relations. For the interface between SPLs, which is described in the following chapter, the FA linker plays a crucial role.

With the characteristics and main tasks proposed for SPL software engineering, an appropriate fundament is formed for the specification of an automotive SPL. This leads to connecting different SPLs to a Multiple Software Product Line (MSPL), which is also an automotive requirement.

3 Connection of software product lines

3.1 Fundamentals of connecting product lines

The automotive final product "vehicle" of the OEM is not the result of only one integrated product line. It rather consists of different subsystems with their own product lines and additional single solutions e.g. innovations, which are initially implemented only in few car models. Additionally, each subsystem may be delivered from its own organization, which may be internal or an external supplier. As a result the structure of each product line and the stakeholders mapped to it may differ.

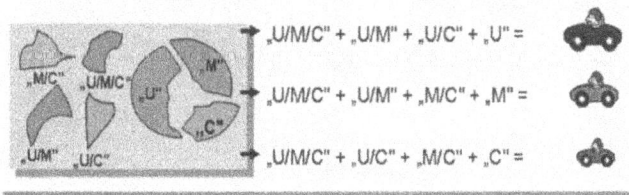

Figure 2: Example: Structure of an OEM SPL

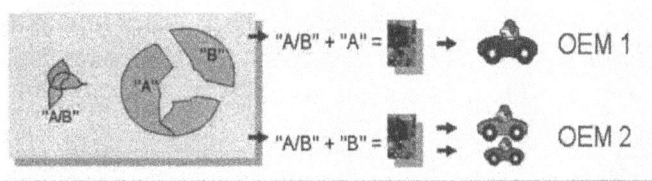

Figure 3: Example: Structure of a supplier SPL

Examples for possible product structures with assets at OEM and supplier are depicted in figure 2 and figure 3. Figure 2 shows an OEM with its three platforms "Upper", "Middle" and "Compact". The "Upper" platform itself consists of four assets. "U/M/C" is used in "Upper", "Middle" and "Compact" platform, "U/M" in "Upper" and "Middle" platform, "U/C" in "Upper" and "Compact" platform and finally "U" only in "Upper", which is a single solution. The structure of the supplier in figure 3 is similar in methodology but different for the solution. Its platform "OEM1" consists of "A/B", a common asset for its platform "OEM1" and "OEM2", and a single solution "A". It is used in the "Upper" platform of the OEM in figure 2, but not restricted to it. The supplier has actually no influence on the OEM decision, to put it into "U/M/C", "U/M", "U/C" or "U". And finally, supplier may sell a similar product to another OEM, which will not be regarded in the SPL of the first OEM. As a consequence, even if products from the supplier are used in the platform of the OEM, the configuration of assets which build up the solution space is independent.

Furthermore a simple one-to-one match in the solution space where a product "A/B"+"A" may fit into "upper class" vehicles is hardly applicable for automotive industry. In general, separate SPLs exist at different levels of functional hierarchy and depend on their own field of activity. In this case, all individual SPLs need to be synchronized in order to deliver the correct product at the right time.

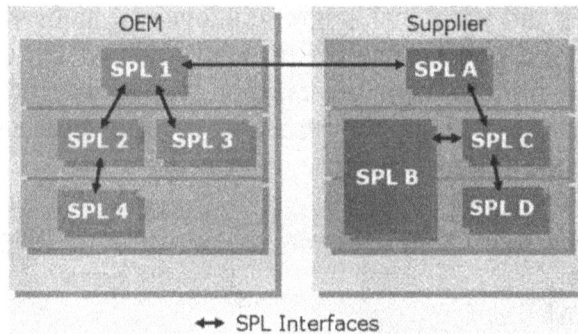

Figure 4: Connected SPLs

After synchronization, the setup being composed of connected SPLs is stated as a Multiple Software Product Line (MSPL). Figure 4 shows an example for the structure of connected SPLs. The interfaces in this example occur between SPLs internally in one company or externally in many companies. For a functional connection of SPL it is crucial, to align each single SPL in a correct hierarchical order.

A layered architecture e.g. EAST-ADL [6] is able to structure SPLs hierarchically. In the given example, "SPL A" at supplier may be at the highest level "user" as interface to the customer. But also internal product lines "SPL C" at "cluster" level or "SPL D" at "platform" level need correct alignment to facilitate "SPL A" providing the requested product.

3.2 Interfaces of multiple software product lines

As stated in the last chapter an important prerequisite for a MSPL is the synchronization of each SPL to each other in order to align development of the SPLs assets. This paper proposes two main tasks for synchronization:

- Exchange of requirements and design data via a standardized data model "SPL Interface Data"

- Adjustment of SPL specific tasks via a general methodology "SPL Interface Methodology"

Figure 5 shows the extension of existing data models for general automotive SPLs to implement interface data ("SPL Interface Data") for adaptation to other SPLs.

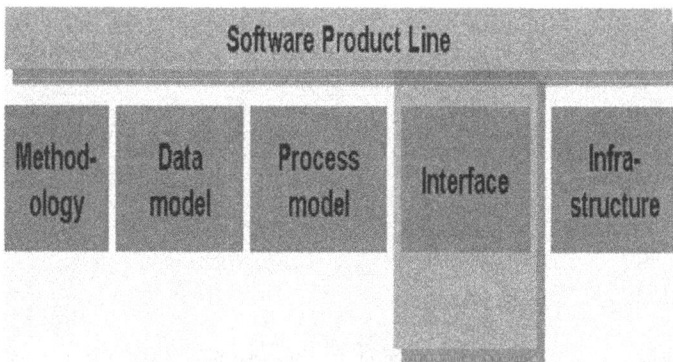

Figure 5: Extension of existing SPL data models

The SPL Interface Data generally contains design data like

- Product requirements

- Features of the product as set of requirements

- Architecture patterns as reference solutions

The data exchange for synchronization mainly takes part at an early stage of the development process in a SPL. An appropriate phase is after domain analysis, where each single SPL defines its own reuse concept and asset structure for the product development. Before reaching domain design phase, inputs from all other SPLs complete own basic product requirements by aligning own product application to the requirements of the total product. The SPL interface based on the data models and synchronization tasks needs to cope with a contradiction. On the one hand it shall be as flexible as needed to react on changed constraints after domain design, which at this point typically come from functional implementation. On the other hand the SPL interface shall serve as a consistent backbone for development data. Figure 6 illustrates the role of SPL Interface Data and SPL Interface Methodology in the context of single SPLs implemented into the total product development.

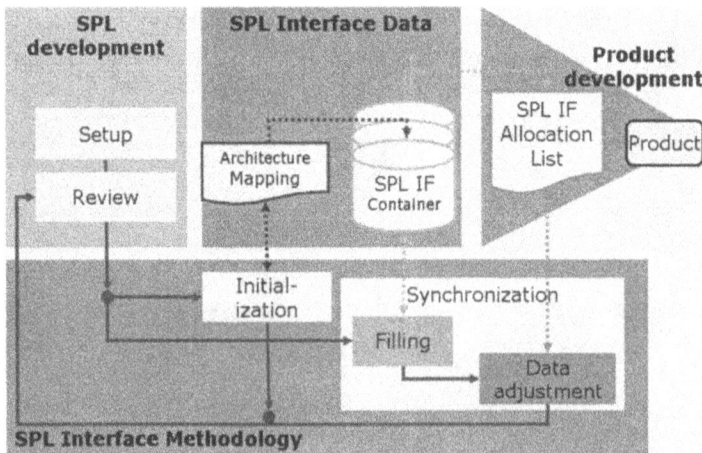

Figure 6: Concept of connecting SPLs

The part SPL development represents the individual SPL process of an organization like a company or a profit centre in a company. The product development covers the development of the final product as the result of the combination of the individual SPL processes. The SPL interface in between consist of two main elements, the central data container SPL Interface Data and the SPL Interface Methodology in order to synchronize the individual SPL processes. The SPL Interface Data serve as exchange mechanism for design data. It consists of

- an architecture mapping

- a SPL IF Allocation List

- the data container itself

The reason for an architecture mapping is founded in the different SPL approaches, where the connection into the total product architecture is not provided. The architecture mapping verifies the architecture patterns of the single SPLs and assigns each component to its correct place in the product, thus a common understanding of the product is established throughout all SPLs.

The allocation list synchronizes the product features and assets and supports the compliance of the requirements to a consistent product design. It deals as configuration support and is a main document for the total product development.

The data container is the physical container for design data for combined SPL development which are mainly requirements and assets. It is recommended to structure the container in terms of connected SPLs, this eases each SPL updating their own content during change management.

The SPL Interface Methodology describes the process for connecting, adapting and aligning two or more SPLs. It provides initialization and synchronization, which realize a strong connection of the individual development processes to the final product. The SPL Interface Data and the SPL Interface Methodology will be explained in more detail in the following chapters.

3.3 Architecture mapping and initialization

A key element of a SPL is a reference architecture, where single products are derived from. In order to connect software product lines, the elements of the reference architectures have to match together to generate a functional total architecture. Reference architectures may be EAST-ADL [6] or Car-DL [11]. The common base of most reference architectures is a layered system model, where abstract system elements at a higher level are divided into smaller elements at a lower level which provide more details of the internal structure.

The architecture mapping coordinates the different reference architectures at initialization of SPL alignment. It contains methods for the combination of requirements and solution spaces in the correct level of abstraction. Provided, that each individual SPL has a reference architecture, which fits into the general architecture frame for the architecture mapping, the architecture mapping merges all SPLs into one central architecture of the MSPL. As a consequence of all reference architectures being abstract and generic, no SPL has to open its internal detailed architecture to the central architecture of the MSPL for the final product. That is e.g. strategic product plans and customer structures, which are often modeled in internal architectures, stay closed to other competing SPLs.

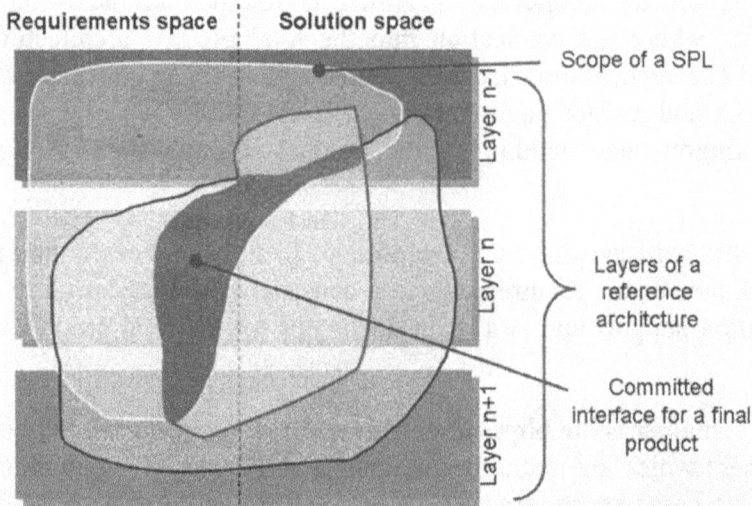

Figure 7: Alignment of different reference architectures at initialization

Figure 7 shows the result of architecture mapping of individual SPLs. In this figure, three possible SPLs are drawn as bordered shapes. The main objective of the architecture mapping in the SPL Interface Data is to assign each element of the single SPLs to the correct layer of the reference architecture and to requirements or solution space. By overlaying all SPLs valid intersections of all SPLs can be determined. The dark grey area in the middle of all shapes is the common part of all SPLs, which needs a common problem and solution descriptions. Otherwise areas without any interaction have no significance for the SPL Interface Methodology.

3.4 Synchronization and allocation

In a MSPL individual SPLs exchange data mainly during synchronization phase. The data base for the data exchanged is the SPL IF container. Content of the container are requirements, features as sets of requirements, assets, relations of container elements and additional documents, which support version control and asset history. Synchronization is separated into two steps, filling and data adjustment. During filling phase, all interface data of the other product lines are collected and structured. Basis of the structure is the architecture mapping described previously, which is elaborated during initialization. After all intersections of the product line are identified, all features and assets are put together in the data adjustment phase. As a result, a comprehensive configuration for all features, assets and relations is found, which is valid for realizing the total product. This configuration is a global SPL IF allocation list which contains the relationship between all features and assets involved in the product development.

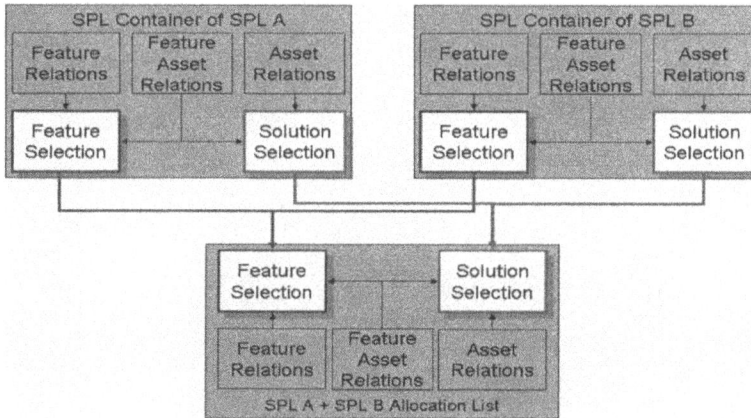

Figure 8: Allocation list

Figure 8 shows the structure of the allocation list, if two SPLs "SPL A" and "SPL B" are connected. Only if the allocation list as a combination of both SPLs contains only viable product solutions, data adjustment phase is finished. Product application design and domain design follow after the adjustment phase. In case of changes in single SPLs are required due to the result of a review, the overall SPL adjustment is triggered again.

Figure 9 shows the resulting package model for a MSPL which contains all data elaborated for connected SPLs. These data are SPL specific data like own reuse, SPL model or Scope or data especially defined for connection like layered architecture or SPL interface.

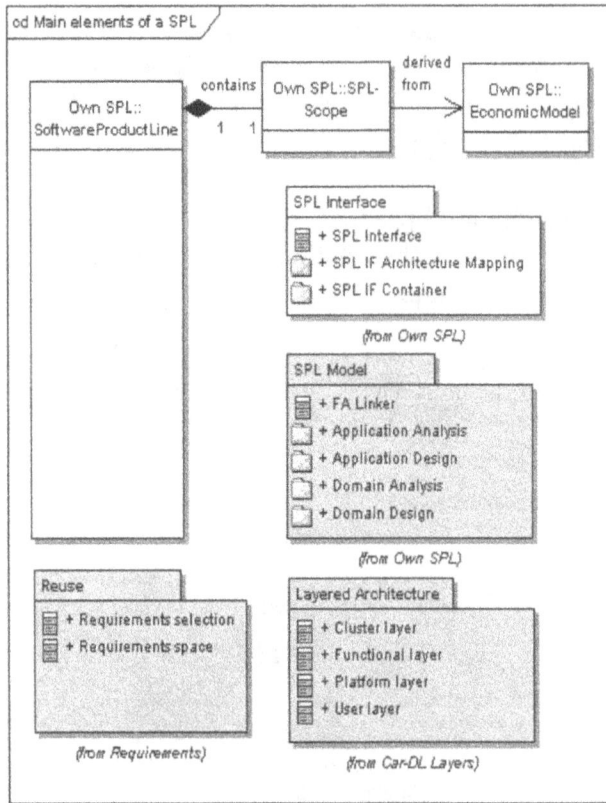

Figure 9: Package model of a MSPL

4 Demonstrator for Multiple Software Product Lines

4.1 Main task of the demonstrator

The demonstrator supports the verification of an adapted SPL regarding implementation into a MSPL. A second effect, which development organizations should not neglect, is the acceptance test for introducing integrated software tool landscapes which comes along with the SPL adaptation.

An option for a MSPL demonstration is building up the individual SPLs as hardware independent function, which eases realization of the demonstration. The software platform to be used may be a standardized platform like AUTOSAR, but AUTOSAR is not a prerequisite for the demonstrator. The concept of the stakeholder need for performing the interface for the SPLs does not reflect existing personnel but describes abstract roles and tasks that need to be performed. The mapping of the requested roles to an organizational chart has to be found for each organization individually. The process shown in figure 10 can serve as a template for all automotive organizations in order to perform their own SPL adaptation for a MSPL.

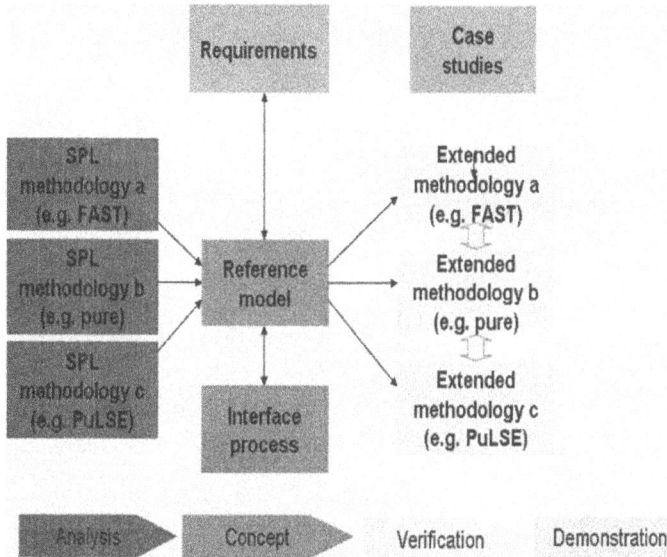

Figure 10: Steps for realizing a MSPL

During analysis phase of SPL the own standard SPL process or individual interpretation of SPL has to be investigated for adaptations for the MSPL. The result is a general reference model, which supports connection to other SPLs and is able to accomplish own requirements. The verification is achieved by setting up a case study, which combines several methods and SPLs together. The demonstration helps out for analyzing the results of the total process.

4.2 Results of connection of software product lines

Figure 11 shows the setup of the function mobilSoft Cruise Control (MCC), which is composed of three product lines

- The overall MCC function

- Linear tracking for MCC function

- Traverse control for MCC function

In this case study tracking and traverse control are SPLs of two automotive suppliers and the total MCC function a SPL at one OEM. The modeling of all feature models for the problem and solution space was realized with pure::variants [9]. Architecture mapping was evolved within the research project mobilSoft [14] by the use of Car-DL[11] as a reference architecture. However the shown approach can be used with other architectures, e.g. EAST-

EEA-ADL [6] as well. The appropriate files for the SPL IF container and the SPL IF allocation list were realized as *.xml-documents according to XMS scheme definitions (XMD) as output of UML based data models. Finally an iterative refinement of the MSPL approach was accomplished.

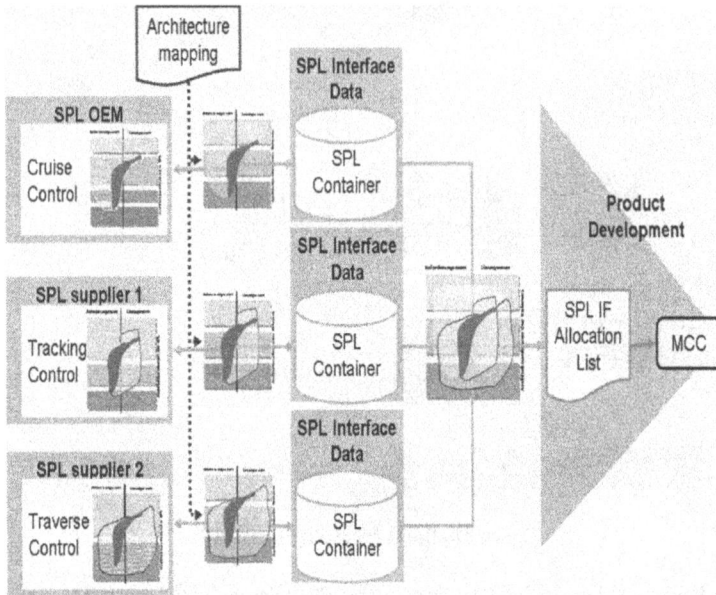

Figure 11: mobilSoft Cruise Control as a MSPL

5 Conclusion

This paper has provided the structure of SPL Interface Methodology and SPL Interface Data in order to adjust many individual SPLs into one Multiple Software Product Line. The result is a global adjustment list for requirements and solution space of all involved SPLs. The adjustment list is the base of product application in each SPL and is an additional specification at the early stage of a product development process. In automotive applications, after implementing additional requirements emerging from the adjustment list, existing SPL process for product application shall be able to perform SPL product development. The extension of the MSPL has no necessity for special SPL tools and shall be ready to be integrated in most tool supported SPLs.

Acknowledgement

The authors acknowledge the contribution all partners of mobilSoft TP6 to this work which are - in alphabetical order - Audi AG, ESG Elektroniksystem- und Logistik GmbH, Siemens VDO Automotive AG and Fraunhofer Einrichtung Systeme der Kommunikationstechnik.

References

[1]   C. Atkinson, J. Bayer, O. Laitenberger, and J. Zettel, "Component-Based Software Engineering: The KobrA Approach," 2001

[2]   PuLSE™: A Methodology to Develop Software Product Lines, Authors: J. Bayer, O. Flege, P. Knauber, R. Laqua, D. Muthig, K. Schmid, T. Widen, and J.-M. DeBaud. Proceedings of the Fifth ACM SIGSOFT Symposium on Software Reusability (SSR'99), (Los Angeles, CA, USA), May 1999, pp. 122-131.

[3]   K. Czarnecki, U. W. Eisenecker, Generative Programming, Addison-Wesley, Reading, MA, 2000.

[4]   K. C. Kang, S. G. Cohen, J. A. Hess, W. E. Novak, and P. A. Spencer, "Feature-Oriented Domain Analysis (FODA) Feasibility Study," 1990.

[5]   K. C. Kang, S. Kim, K. Kim, G. J. Kim, and E. Shin, "FORM: A Feature-Oriented Reuse Method with Domain-Specific Reference Architectures," 1998.

[6]   H. Lönn (ed.), "Definition of language for automotive embedded electronic architecture", EAST-EEA Deliverable D3.6, public report, Version 1.02, 2004.

[7]   M. Matinlassi, E. Niemelä, and L. Dobrica, "Quality driven architecture design and quality analysis method," 2002.

[8]   H. Obbink, J. Müller, P. America, and R. v. Ommering, "COPA - A Component-Oriented Platform Architecting Method for Families of Software-Intensive Electronic Products," 2000.

[9]   Pure-Systems GmbH, Tool pure::variants, http://www.pure-systems.com.

[10]   S. Voget (ed.), "Embedded Electronic Architecture - Glossary", EAST-EEA public report, Version 7.3, 2004.

[11]   D. Wild, A. Fleischmann, J. Hartmann, C. Pfaller, M. Rappl, and S. Rittmann, "An architecture-centric approach towards the construction of dependable automotive software", In S. of Automotive Engineers, editor, Proceedings of of the SAE 2006 World Congress, Detroit, 2006.

[12]   D. Weiss, C. Lai, and R. Tau, Software product-line engineering: a family-based software development process. Addison-Wesley, Reading, MA, 1999.

[13]   G. Böckle, P. Knauber, K. Pohl, and K. Schmid, "Software-Produktlinien," 2004.

[14]   Softwaretechnik für das Automobil der Zukunft, http://www.itm.tum.de/mobilsoft/Startseite.htm.

Potenziale MDA-gestützter Integrationsprojekte im Anwendungskontext Versicherungswirtschaft

Klaus Mairon
klaus.mairon@metris.de

Metris GmbH
www.metris.de

Achim P. Karduck
karduck@hs-furtwangen

Hochschule Furtwangen
www.informatik.hs-furtwangen.de

Inhalt

Zusammenfassung

Anwendungsintegration ist im Kontext Service-orientierter Architekturen wieder ein aktuelles Thema, die Realisierung ist in der Praxis häufig komplex und aufwendig. Im Rahmen dieses Artikels wird gezeigt, inwieweit durch die Anwendung der Konzepte der Model Driven Architecture und der Entwicklung einer domänenspezifischen Sprache diese Komplexität und der damit verbundene Realisierungsaufwand reduziert werden kann. Die hierzu entwickelte Lösung entstammt einem konkreten Anwendungsfall aus der Softwareentwicklung für Versicherungsunternehmen. Anhand dieses Anwendungsbeispiels werden die Grenzen des Lösungsansatzes erläutert sowie alternative bzw. ergänzende Konzepte wie die Verwendung von Referenzmodellen vorgestellt.

1 Einleitung

Moderne Geschäftsanwendungen existieren heute nicht mehr isoliert. Im Kontext Service-orientierter Architekturen (SOA) werden sie zur Unterstützung von Geschäftsprozessen zusammen mit anderen Anwendungen zu neuen Lösungen komponiert. Hinter den Schnittstellen choreographierter Services verbergen sich neben Anwendungslogik auch Zugriffe auf benötigte Datenbestände sowie Dritt- und Legacy-Systeme. Der hierbei verfolgte Ansatz des Information-Oriented Application Integration (IAOA) stellt die Grundlage vieler Integrationsprojekte dar und wird häufig mit anderen Integrationsansätzen (z.B. Service-Oriented Application Integration, Portal-Oriented Application Integration) kombiniert (vgl. [Lin04], S. 25). Zur Vermeidung einer hohen Kopplung zu den zu integrierenden Systemen werden diese über Services gekapselt. Zusätzlich wird über die Bildung abstrakter Services eine Vereinheitlichung der Schnittstellen angestrebt.

Die Implementierung dieser Services zur Kapselung von Zugriffen auf Drittsysteme und Datenbanken zeichnet sich häufig durch eine hohe Komplexität und einen damit verbundenen hohen Implementierungsaufwand aus. Ein Grund hierfür ist der oft sehr unterschiedliche strukturelle Aufbau der zu integrierenden Datenbanken oder Drittsystem-Schnittstellen. Weitere Gründe sind heterogene Systemlandschaften, unterschiedliche Technologien der Implementierungen und komplexe Zugriffsregeln.

Aus Sicht eines Softwarelieferanten, welcher sein Produkt in einem solchen Integrationsumfeld platzieren möchte und im Rahmen seiner Geschäftslogik auf andere Systeme angewiesen ist, erhöht sich die Komplexität zusätzlich. Aus dieser Sicht muss zudem noch damit gerechnet werden, dass benötigte Informationen in jedem Kundenumfeld unterschiedlich abgelegt oder eventuell gar nicht vorhanden sind. Ein Beispiel für ein solches Szenario stellt die Entwicklung eines produktgesteuerten, spartenübergreifenden Schadensystems für Versicherungen dar. Im Rahmen der Schadenbearbeitung benötigt ein solches System Informationen zu Versicherungsprodukten und –policen, beispielsweise für eine maschinelle Deckungsprüfung. Die hierfür zu integrierenden Bestands- und Produktsysteme unterscheiden sich im Regelfall stark zwischen den einzelnen Versicherungen, aber auch innerhalb der Versicherungen zwischen den einzelnen Versicherungssparten und bieten in den seltensten Fällen den geforderten Leistungsumfang bezüglich Daten und Service-Schnittstellen. Dies führt neben einem hohen Konfigurations- und Implementierungsaufwand für die Bereitstellung der geforderten Zugriffsfunktionalität zu langen Projektlaufzeiten und damit zu einem verzögerten Return on Investment durch die verspätete Einführung des Systems. Aber auch ohne den Bedarf, ein Softwareprodukt kundenneutral zu entwickeln und trotzdem kunden<u>spezifisch</u> in eine vorgegebene Systemlandschaft zu integrieren, bleibt in herkömmlichen Integrationsprojekten die grundsätzliche Problematik die gleiche.

2 Anforderungen an MDA im Versicherungsumfeld

An einen möglichen Lösungsansatz lassen sich aus dem beschriebenen Umfeld verschiedene Anforderungen ableiten. An erster Stelle steht die Reduzierung der Komplexität, die durch die Vielzahl von Ausprägungen, unterschiedlichen Strukturen und Systeme verursacht wird. Diese Reduzierung kann durch 1) Partitonierung, 2) Abstraktion, 3) Projektion oder eine Kombination dieser Strategien erreicht werden.

Unter Partitonierung wird die Aufteilung eines Systems in handhabbare Einheiten verstanden, wobei die Aufteilung auch rekursiv erfolgen kann. Kriterien für die Zerlegung können beispielsweise Funktionen, Daten oder Systemgrenzen sein. Bei der Abstraktion handelt es sich um eine zielgerichtete Konzentration auf das Wesentliche und das Ausblenden unwesentlicher Details. Die Abstraktion ist abhängig vom Standpunkt des Betrachters bzw. im Kontext des Software-Engineering abhängig von der Aufgabe der Anwendung. Aus diesem Grund wird die Abstraktion häufig mit dem Ansatz der Projektion kombiniert, unter der man eine Festlegung einer Sicht auf ein System versteht. Der Standard IEEE 1471 definiert eine Sicht als Darstellung eines Systems hinsichtlich einer Menge in Beziehung stehender Aspekte. Nach Bass, Clements und Kazman (vgl. [Bas03], S. 35) ist eine Sicht die Darstellung einer Menge von Architekturelementen für eine bestimmte Gruppe von Projektbeteiligten und besteht aus einer Menge von Elementen und den Beziehungen zwischen diesen. Dabei betont die Sicht die für die Projektbeteiligten relevanten Aspekte und unterdrückt andere für das Verständnis unbedeutende Details. Bezogen auf die UML ist die Sicht ein Ausschnitt des Gesamtmodells eines Systems, welcher durch eine oder mehrere Diagramme beschrieben wird (vgl. [Kan00], S. 7). Dies wiederum entspricht dem Standard der IEEE mit der Ausnahme, dass sich dieser nicht nur auf Modelle, sondern auf alle Artefakte einer Architekturbeschreibung bezieht.

Durch die Reduzierung der Komplexität über die beschriebenen Strategien wird zudem die Grundlage für eine vereinheitlichte Beschreibung der zu integrierenden Systeme, ihrer Struktur und der notwendigen Zugriffsregeln geschaffen.

Eine weitere Anforderung an eine mögliche Lösung ist die Verminderung des Implementierungs- und Konfigurationsaufwands durch den Einsatz von Generative-Programming-Konzepten. Ziel der Generativen Programmierung ist es, aus einer formalen Anforderungsspezifikation möglichst automatisiert passende und optimierte Produkte zu erstellen (vgl. [Sta05], S. 78). Dies trifft auch auf die vorliegende Problemstellung zu, ebenso wie die zugrundeliegende Motivation, durch Generative Programmierung Aufwand und somit Kosten zu sparen. Hinzu kommt, dass durch eine Anpassung der Generierungsvorschriften relativ leicht auf eine Änderung der Zielarchitektur oder der zugrundeliegenden Technologie reagiert werden kann.

Zusätzlich ist für einen Lösungsansatz darauf zu achten, dass dieser auf standardisierten Ansätzen basiert. Hierbei sind relevante Industriestandards ebenso zu berücksichtigen wie bekannte Analyse- und Entwurfsmuster aus dem Kontext des Softwaredesign, wodurch die Verständlichkeit der Beschreibung weiter verbessert wird. Die Berücksichtigung von Standards ermöglicht zudem im Rahmen der Lösungsumsetzung eine breite Unterstützung durch Entwicklungswerkzeuge.

Letztendlich muss eine Lösung dazu geeignet sein, durch die Berücksichtigung der beschriebenen Anforderungen, d.h. die Reduzierung der Komplexität und des Aufwandes, die Projektlaufzeit für die Integration zu beschleunigen, somit eine frühere Produktionsaufnahme des Gesamtsystems zu erreichen und damit einen früheren Return on Investment zu ermöglichen.

3 MDA als Lösungsansatz für Integrationsprojekte

Die Konzepte der Model Driven Architecture (MDA) der Object Management Group (OMG) versprechen Lösungen für mehrere der genannten Anforderungen. Grundsätzlich definiert die MDA einen Ansatz zur Spezifikation von Software-Systemen, der die Spezifikation der Funktionalität von der Plattform trennt, auf der diese Funktionalität umgesetzt werden soll [Eff07]. Die MDA versteht unter einer Plattform die Spezifikation bzw. Umsetzung von technologischen Details, die für die grundlegende Funktionalität einer Softwarekomponente nicht relevant sind. Die Abstraktion von technologischen Details ist wesentlicher Bestandteil der MDA und ermöglicht in der beschriebenen Problemstellung, Zugriffe auf Drittsysteme unabhängig von der technologischen Plattform zu beschreiben, in der die zu integrierenden Systeme implementiert sind [Pie07].

Als Grundlage für die MDA dienen die von der OMG definierten Standards Unified Modeling Language (UML) zur Modellerstellung, XML Metadata Interchange (XMI) zum Modellaustausch zwischen Werkzeugen und Meta Object Facility (MOF) als Beschreibung des zugrundeliegenden Metamodells. Damit bildet die MDA mit den zugrundeliegenden Standards eine solide Basis

für einen möglichen Lösungsansatz unter den Aspekten Akzeptanz, Zukunfts-
sicherheit und Investitionssicherheit.

Als Modellierungssprache nutzt die MDA Artefakte der UML 2, da diese
Version der Modellierungssprache gegenüber früheren Versionen eine Reihe
von Erweiterungen und Korrekturen erfahren hat. Hervorzuheben ist dabei die
Möglichkeit, die UML über das standardisierte Verfahren der UML-Profile
um eigene fach- d.h. domänenspezifische Sprachelemente zu erweitern und die
Definition einer DSL (Domain Specific Language) zu ermöglichen. Der
Begriff der Domäne oder speziell der Anwendungsdomäne bezeichnet hierbei
einen abgegrenzten fachlichen Problem- oder Einsatzbereich. Hinter dem
Begriff der DSL verbirgt sich somit das Konzept, die Schlüsselaspekte eines
Problembereichs – und damit nicht alle denkbaren Inhalte – formal ausdrück-
bar (modellierbar) zu machen. Eine DSL basiert dafür auf einem Metamodell
inklusive der zugehören Semantik und einer korrespondierenden konkreten
Syntax. Aus Sicht der beschriebenen Problemstellung bietet die Entwicklung
einer domänenspezifischen Sprache die Möglichkeit, die Beschreibung der
Drittsystem-Strukturen und Zugriffsregeln zu vereinheitlichen, von der zugrundeliegenden Technik zu abstrahieren und somit die Komplexität stark zu
reduzieren. Das mit Hilfe einer UML-basierten DSL erstellte Modell ist zudem
ausreichend formal, um hieraus konkrete Implementierungen ableiten, also
generieren zu können.

Für die Definition einer DSL müssen zunächst die Schlüsselaspekte der fachlichen Domäne betrachtet werden, da es sich bei diesen um jene Aspekte
handelt, welche letztendlich modelliert werden sollen. In dem beschriebenen
Anwendungskontext sind dies neben einer Identifikation und Zuordnung der
zu integrierenden Systeme deren Datenstruktur sowie die Logik für den
Zugriff auf benötigte Daten.

Soll die DSL als Erweiterung der UML 2 mittels eines UML-Profils entwickelt werden, stehen hierfür drei Erweiterungsmechanismen zur Verfügung
(vgl. Abbildung 1):

- **Stereotypen.** Unter einem Stereotyp versteht man eine Klasse innerhalb
  des Metamodells, die in der Lage ist, andere Klassen durch Erweiterungen näher zu spezifizieren.

- **Tagged Values.** In der UML dienen Tagged Values (oder Eigen-
  schaftswerte) dazu, Modellelemente durch Charakteristika näher zu
  spezifizieren. Bei Tagged Values handelt es sich im Allgemeinen um
  Name-Wert-Paare.

- **Constraints**. Über Constraints (Zusicherungen) werden Begrenzungen /Einschränkungen formuliert, welchen ein Modellelement genügen muss.

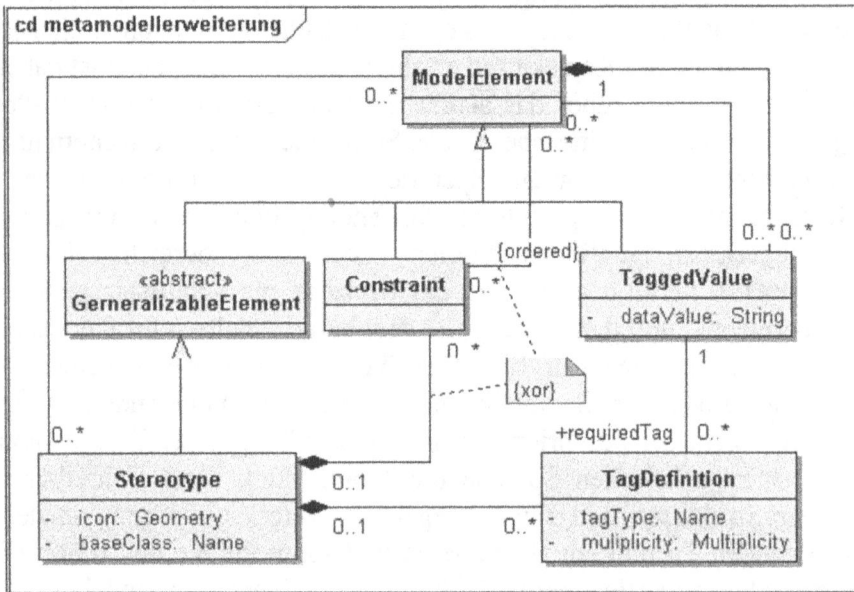

Abbildung 1: UML-Metamodell mit den Erweiterungsmechanismen [OMG 2003]

Das UML-Profil legt somit über die darin enthaltenen Stereotypen, Tagged Values und Constraints die Erweiterungen der UML für den spezifischen Anwendungskontext fest. In einem konkreten Modell klassifizieren die definierten Stereotypen einzelne Modellelemente und ermöglichen die Interpretation des Modells im Sinne der Domäne. Tagged Values und Constraints können die Stereotypen weitergehend spezifizieren und stellen somit eine Möglichkeit dar, zusätzliche Informationen im Modell abzulegen.

Im nachfolgend beschriebenen Anwendungsfall werden diese Erweiterungsmechanismen dazu genutzt, eine für die Integration von Bestandssystemen von Versicherungen sinnvolle DSL zu definieren. Dabei muss ein hierfür definiertes UML-Profil aber nicht zwangsläufig eigenständig existieren. Es basiert jedoch immer auf einem Referenz-Metamodell, entweder dem UML-Metamodell oder einem schon bestehenden UML-Profil. Zur Definition einer DSL bzw. eines UML-Profils für den beschriebenen Anwendungskontext kann also auch auf bestehende UML-Profile zurückgegriffen werden, die einen Teil des Problemraums bereits beschreiben. Ein Beispiel hierfür ist das von IBM Rational definierte UML Data Modeling Profile (vgl. [Gor03]), welches auf Klassendiagrammen aufsetzt und für die Modellierung der Datenstrukturen der zu integrierenden Systeme verwendet werden kann. Weitere für die DSL benötigte Elemente ergänzen dann das bestehende UML-Profil. Für den gegebenen Anwendungskontext werden zusätzlich Sprachelemente zur Identifizierung und Kategorisierung der Systeme sowie zur Beschreibung der Zugriffsregeln auf die Systeme benötigt. Die Kategorisierung kann über Paketdiagramme erfolgen, die sich aufgrund der Möglichkeit zur hierarchischen Verschachtelung besonders zur logischen Aufteilung und Zuordnung der Systeme eignen.

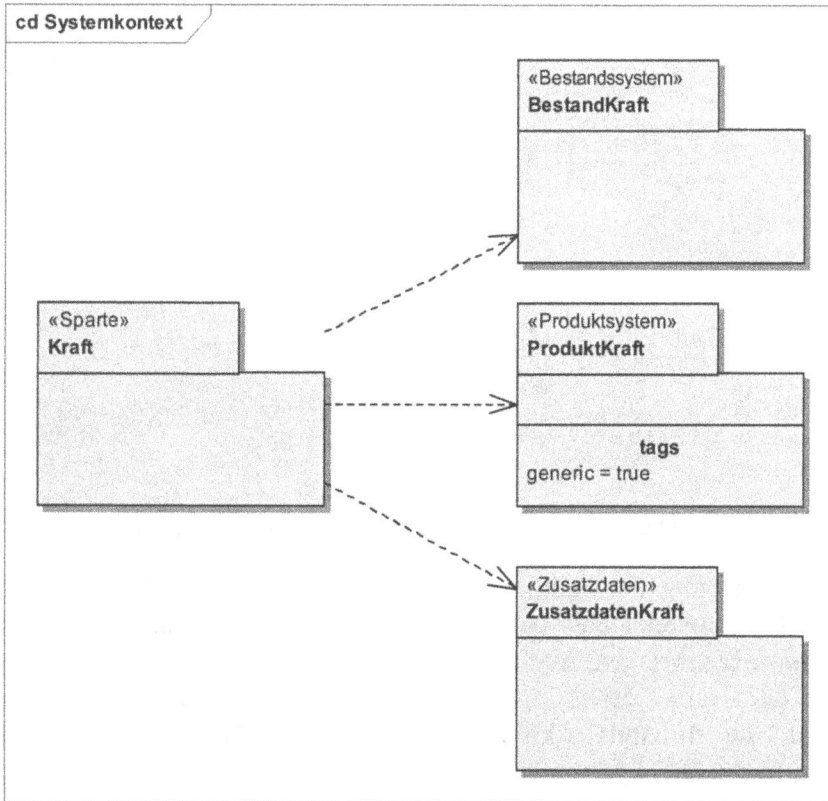

Abbildung 2: Paketdiagramm zur Strukturierung der Bestandssysteme eines Versicherers

Abbildung 2 zeigt anhand eines Anwendungsbeispiels aus der Versicherungsbranche, wie über ein solches Paketdiagramm eine mögliche Einteilung von Systemen vorgenommen werden kann, die bei der Entwicklung eines Schadensystems integriert werden müssen. Hierzu werden die Systeme unter ihrer zugehörigen Versicherungssparte zusammengefasst und beispielsweise als Bestands- oder Produktsystem klassifiziert.

Jedem Paket, welches ein solches System repräsentiert, können weitere Modelle zur verfeinernden Beschreibung des jeweiligen Systems zugeordnet werden. Dabei erfolgt die Beschreibung der Datenstruktur eines Systems über ein Klassendiagramm, annotiert mit den im UML Data Modeling Profile von IBM definierten Stereotypen und Tagged Values (vgl. Abbildung 3).

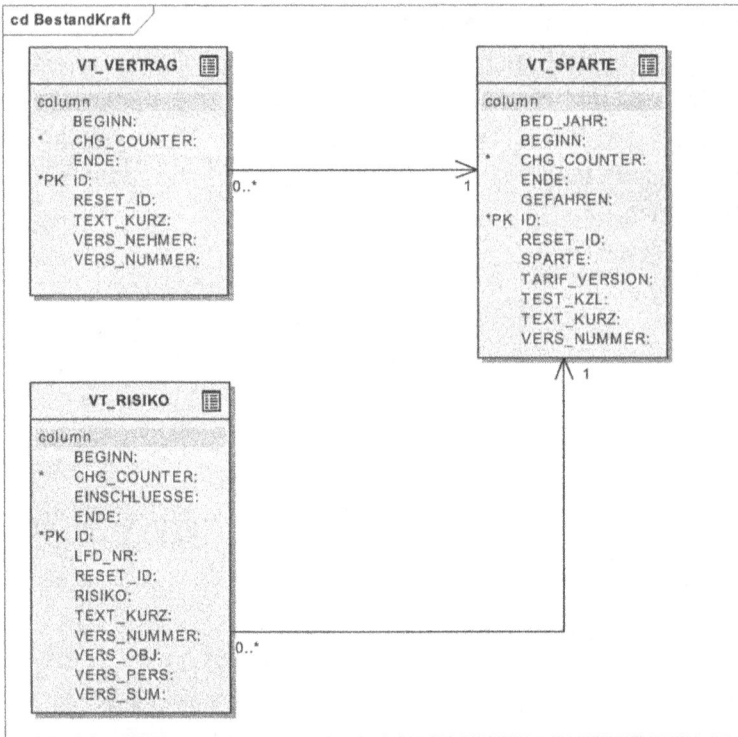

Abbildung 3: Beispielstruktur für ein einfaches Bestandsystem

Die Beschreibung der fachlichen Zugriffsfunktionen auf diese Systeme und die dafür notwendigen Abfragen und Regeln werden über Aktivitätsdiagramme beschrieben. Auch diese werden dem jeweiligen Paket zugeordnet, wobei der Name der Aktivität die jeweilige fachliche Zugriffsfunktion benennt, die enthalten Aktionen den notwendigen Ablauf aus Abfragen, Regelaufrufen etc. repräsentieren (vgl. Abbildung 4).

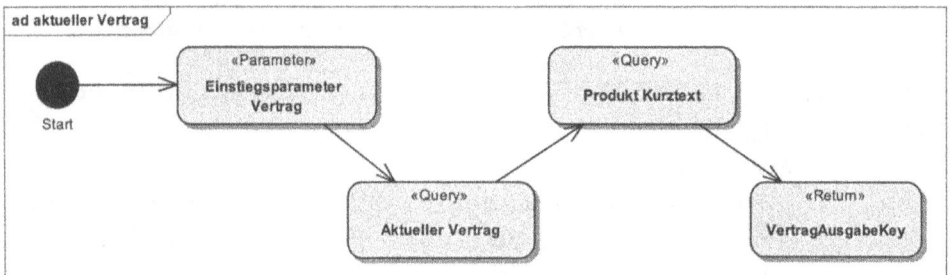

Abbildung 4: Beispiel für eine Zugriffsdefinition

Die DSL und das zugehörige UML-Profil basieren somit auf drei Diagrammarten: 1) dem Paketdiagramm zur Partitonierung, 2) dem Klassendiagramm zur Beschreibung der Struktur der Systeme und 3) dem Aktivitätsdiagramm zur Beschreibung der Zugriffslogik.

Die im UML-Profil auf Basis des UML-Metamodells definierten Stereotypen und Tagged Values ermöglichen es, die Modellierungssprache UML im Sinne der Domäne „Integration von Systemen in einem Anwendungskontext" zu verwenden. Zwei wesentliche Anforderungen an einen möglichen Lösungsansatz sind somit erfüllt: die Komplexität der Problemstellung wird durch die Erhöhung der Abstraktion, die Einführung unterschiedlicher Sichten sowie durch die Vereinheitlichung der Beschreibung reduziert.

Die Verminderung des Implementierungs- und Konfigurationsaufwandes soll durch den Einsatz Generativer Programmierung erreicht werden. Auch hierfür bietet die MDA Lösungsansätze. Aus Sicht der MDA stellt eine konkrete Implementierung im Rahmen einer Zielarchitektur oder -sprache eine Plattform im Sinne der MDA dar, auf die eine Transformation eines Modells möglich ist. Hierzu sieht die MDA die Verfeinerung der Modelle vom Plattform-unabhängigen Modell (PIM) über das Plattform-spezifische Modell (PSM) zum Code vor (vgl. Abbildung 5). Das Plattform-unabhängige Modell beschreibt den fachlichen Inhalt und abstrahiert von der Technik der Zielplattform. Das Plattform-spezifische Modell entsteht durch die Modell-zu-Modell-Transformation des PIM und die Anreicherung bzw. Modellierung von Informationen, welche für eine gegebene Zielplattform relevant sind. Auf Basis dieses PSM wird dann im Rahmen einer Modell-zu-Code-Transformation der Quellcode für die Zielplattform erzeugt (vgl. [Sta05], S. 18).

Die MDA sieht für die Beschreibung der Transformation der Modelle untereinander und zum Code die Transformationssprache QVT (Queries / Views / Transformations) vor. Die Spezifikation hierzu liegt bei der OMG als Final Adopted Specification vor ("MOF 2.0 QVT", OMG Document ptc/07-07-07). Die meisten Entwicklungswerkzeuge bieten derzeit jedoch noch keine Unterstützung für QVT, sondern verwenden z.B. Templates zur direkten Generierung von Sourcecode. Modell-zu-Modell-Transformationen (PIM zu PSM) werden hierbei vom Modellierer manuell vorgenommen. Die im Konzept der MDA vorgesehenen Rückwärtstransformationen werden nicht vorgenommen. Daher muss bei Verwendung dieser Werkzeuge eher von Modellgetriebener Softwareentwicklung (Model Driven Software Development, MDSD) gesprochen werden als von der Umsetzung der MDA.

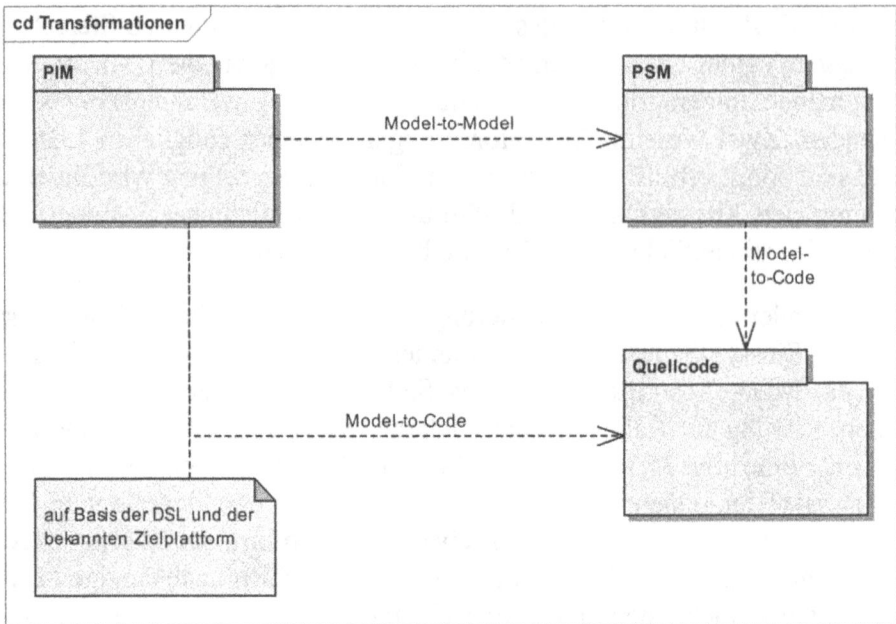

Abbildung 5: Transformationen

Auch für die Generierung der Zugriffslogik auf Basis der mit der DSL erstellten Modelle kann eine Verfeinerung und Transformation der Modelle entfallen. Die Zugriffslogik wird immer aus Sicht des integrierenden Systems modelliert. Dieses System ist mit seiner Architektur und Zielsprache bekannt. Daher ist im Regelfall eine direkte Transformation der Modelle vom Plattform-unabhängigen, aber domänenspezifischen Modell zum Quellcode möglich (vgl. Abbildung 5). Ob diese Transformation mit Hilfe der QVT oder über einen Template-basierten Generator erfolgt, hängt letztendlich von der Unterstützung der zur Verfügung stehenden Entwicklungswerkzeuge ab.

Die MDA bietet für alle eingangs beschriebenen Anforderungen Erfolg versprechende und auf Standards basierende Lösungsansätze. Die Definition einer DSL auf Basis von UML-Profilen hat jedoch einen Nachteil. Dieser liegt in der Bindung der DSL an die UML und an die mit den Modellelementen verbundene umfangreiche und damit komplexe Syntax und Semantik. Je nach Problemstellung wäre eine „ungezwungenere" Definition einer domänenspezifischen Modellierungssprache ohne den Ballast der universell einsetzbaren und mächtigen UML wünschenswert. Dies gilt vor allem dann, wenn die Anwender der DSL über keine oder geringe Modellierungskenntnisse verfügen. Und auch für den beschriebenen Anwendungsfall, die Integration der Bestands- und Produktsysteme von Versicherungen wäre ein reduzierter Sprachumfang der UML ausreichend.

4 Einordnung ergänzender Ansätze zu MDA

Für die eingangs beschriebene Problemstellung der Integration der Bestands-
und Produktsysteme von Versicherungen im Kontext einer Schadenanwendung scheint die Definition einer DSL grundsätzlich der richtige Lösungsansatz zur Reduzierung der Komplexität zu sein. Die damit geschaffene
formale Beschreibung ermöglicht die Generierung der notwendigen Implementierung und die Beschleunigung der Entwicklungszeit.

Zu dem MDA-basierten Ansatz, über Profile die UML zu spezialisieren und
eine DSL zu definieren, existieren alternative Konzepte. Microsoft nennt sein
entsprechendes Konzept „Software Factories". Auch hier steht die Definition
von domänenspezifischen Modellierungssprachen im Vordergrund. Diese
orientieren sich jedoch nicht an der MDA, der UML oder dem zugrundeliegenden Metamodell MOF der OMG, sondern stellen einen eigenständigen
Ansatz seitens Microsoft dar.

Im Java-basierten Eclipse-Umfeld existiert mit dem Eclipse Modeling Frame-
work (EMF) und dem als Java-Implementierung vorliegenden Metamodell
Ecore ein alternativer Ansatz. Ecore basiert auf EMOF (Essential MOF), einer
stark vereinfachten Version des MOF-Metamodells der OMG. In Kombination
mit dem ebenfalls für die Eclipse-Umgebung vorliegenden Graphical Editor
Framework (GEF) und dem Graphical Modeling Framework (GMF) als
Bindeglied zu EMF können auf relativ einfache Weise grafische Editoren für
Ecore-basierte Metamodelle erstellt werden, die nicht an die Syntax und
Semantik von UML gebunden sind. Hierdurch kann die grafische Notation
nochmals vereinfacht und die Abstraktion zusätzlich erhöht werden (vgl. Ab-
bildung 6).

Bei der Entwicklung einer domänenspezifischen Sprache ist die Definition der
zu modellierenden Sicht auf die Problemstellung ein wesentlicher
Gesichtspunkt. Eine Sicht wurde eingangs als die Konzentration auf die relevanten Aspekte und die Unterdrückung unbedeutender Details beschrieben.
Bei der Definition dieser Sicht und der Identifikation dieser relevanten
Aspekte kann es hilfreich sein, auf bewährte Muster (vgl. [GOF97]), Referenzmodelle oder bestehende UML-Profile zurückzugreifen.

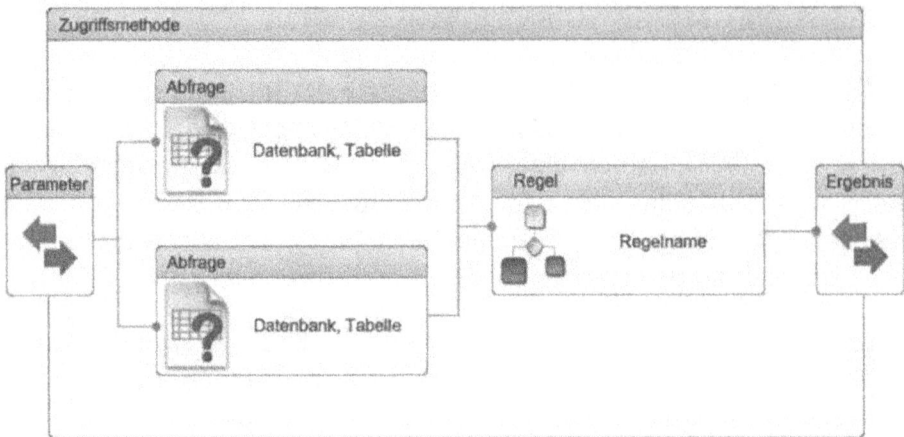

Abbildung 6: Vereinfachte Notation einer Zugriffsdefinition ohne UML-Modellelemente

Bei der OMG existieren inzwischen zahlreiche UML-Profile für unterschiedliche Anwendungsbereiche. Diese sind häufig technischer Natur wie das im vorangegangenen Kapitel verwendete und inzwischen veraltete UML Data Modeling Profile. Für den Bereich der Anwendungsintegration existiert zudem eine eigene Spezifikation, die UML Profile and Interchange Model for Enterprise Application Integration (EAI) Specification. Hieraus können für die DSL Elemente zur Beschreibung der Anbindung der unterschiedlichen Systeme verwendet werden.

Sollen für die DSL jedoch fachliche Aspekte hervorgehoben werden, finden sich z.B. für das betriebswirtschaftliche Umfeld keine fertiggestellten UML-Profile, die als Grundlage dienen könnten. Es existieren verschiedene OMG-Arbeitsgruppen, welche die Entwicklung betriebswirtschaftlicher Anwendungen durch die existierenden OMG Standards unterstützen wollen. Als Beispiel für eine solche Arbeitsgruppe sei die Finance Domain Task Force[1] genannt. Hieraus könnten in nächster Zeit fachlich orientierte UML-Profile entstehen.

Ist kein UML-Profil als Ausgangsbasis einer eigenen DSL vorhanden, bieten sich Referenzmodelle als Alternative an, die von Branchen-Verbänden oder IT-Dienstleistern im jeweiligen Umfeld aufgestellt werden Hier kann als Beispiel die Versicherungs-Anwendungs-Architektur[2] (VAA) des Gesamtverbandes der Deutschen Versicherungswirtschaft (GDV) oder die Insurance Application Architecture[3] (IAA) der IBM herangezogen werden. Über den

---

[1] http://fdtf.omg.org

[2] http://www.gdv-online.de/vaa

[3] http://www-03.ibm.com/industries/financialservices/doc/content/solution/278918103.html

Verweis auf Teilstrukturen oder einzelne Elemente eines entsprechenden Referenzmodells kann die Beschreibung der Struktur oder der angebotenen Services eines zu integrierenden Systems nochmals vereinfacht werden. Statt wie in Abbildung 3 die Struktur eines Bestandssystems eines Versicherers zu modellieren, könnte ein Verweis auf die Beschreibung im Rahmen der VAA genügen.

Als dritte Ausgangsbasis für die Entwicklung einer DSL wurden Muster genannt. Ihnen liegt bereits die Idee zugrunde, wiederkehrende Problemstellungen und ihre Lösung standardisiert zu beschreiben. Dabei können die Problemstellungen sowohl fachlicher (Analysemuster, vgl. [Fow98]) als auch technischer (Entwurfsmuster, vgl. [GOF97]) Natur sein. Im Kontext der beschriebenen DSL wurden keine Muster verwendet, für die Thematik der Integration sei an dieser Stelle jedoch auf bekannte Integration Tier Pattern wie Data Acccess Object (vgl. [Alu01], S. 390) verwiesen.

5 Einschätzung von MDA für Integrationsprojekte

Die MDA bietet ausreichend Lösungsansätze die Komplexität und den Aufwand der Integration von Drittsystemen durch die Definition einer DSL und die Generierung der notwendigen Implementierung zu reduzieren. Jedoch werden je nach Anwendungskontext nicht alle Konzepte benötigt, die im Rahmen der MDA vorgesehen sind. Ein Beispiel hierfür ist die häufig angewandte direkte Transformation eines Plattform-unabhängigen Modells in den Quellcode der Zielplattform ohne den Zwischenschritt über das Plattform-spezifische Modell. Ebenso wird bislang darauf verzichtet, eine Rückwärts-Transformation zu ermöglichen, bei der Änderungen in Implementierung oder PSM jeweils in die vorgelagerten Modelle wie das PIM übernommen werden. Beides scheiterte bislang an der mangelnden Unterstützung durch die zur Verfügung stehenden Entwicklungswerkzeuge oder an der noch nicht abgeschlossenen Spezifikation des entsprechenden Transformationsstandards QVT.

Die MDA bietet eine Vielzahl von Lösungsansätzen; eine vollständige Umsetzung kann häufig nicht vorgenommen werden. In vielen Fällen muss daher nicht vom Einsatz der MDA gesprochen werden, sondern von Model Driven Software Development (MDSD). Für die Erfüllung der eingangs definierten Anforderungen ist dies jedoch ausreichend und soll nicht als generelle Kritik an der MDA verstanden werden.

Bei der Definition der domänenspezifischen Modellierungssprache sowie der Entwicklung des dazugehörigen Metamodells und der Definition der Transformation in Quellcode ist zu beachten, dass dies ein hohes Abstraktionsvermögen an den Architekten stellt. Stahl und Völter vergleichen in ihrem Buch (vgl. [Sta05], S. 395) die Metamodellierung mit der Konstruktion von Programmiersprachen und der Erstellung von Frameworks und mahnen eine Unterstützung durch (standardisierte) Werkzeuge an. Die Anwendung von MDA- oder MDSD-Konzepten fordern hingegen die Entwickler, welche sich an ein geändertes Vorgehensmodell und die höhere Abstraktion gewöhnen müssen.

Für die Zukunft bleibt abzuwarten, inwieweit sich die Entwicklung domänenspezifischer Sprachen innerhalb standardisierter Bahnen bewegt. Die OMG ist gefordert, die Standardisierung im Kontext der MDA voranzutreiben und umsetzbare Konzepte zu schaffen. Ansonsten steht zu befürchten, dass eine allzu große Zahl unterschiedlicher domänenspezifischer Sprachen entsteht, die sich parallel zu den Standards entwickeln. Dies wäre für viele Firmen aus Sicht der Investitionssicherheit in neue Technologien und Konzepte sehr risikoreich und würde den Erfolg derselben langfristig gefährden.

Neben den erforderlichen Standardisierungsbemühungen der OMG wird der Erfolg der MDA und der DSL zudem von der Unterstützung der Hersteller von Entwicklungswerkzeugen abhängen. Diese sind gefordert, die besonderen Anforderungen der Metamodellierung für die „Sprach-Architekten" durch entsprechende Werkzeuge zu unterstützen. Neben der Unterstützung der vorgegebenen OMG-Standards sind dies Aspekte wie z.B. die Möglichkeit zur Teamarbeit und zur Versionierung von Modellen, die Bereitstellung standardisierter Transformationsmechanismen oder auch das Debuggen auf der Ebene der DSL. Hier sind jedoch bereits deutliche Fortschritte zu beobachten, wie die aktuellen Versionen einzelner Werkzeuge wie Borlands Together[4] oder das Open Source-Projekt openArchitectureware[5] zeigen.

Die MDA und auch MDSD stellen mit dem Konzept zur Entwicklung domänenspezifischer Modellierungssprachen einen unter den genannten Gesichtspunkten erfolgversprechenden Ansatz dar, welcher die Möglichkeit einer deutlichen Effizienzsteigerung in der Entwicklung schafft. Neben einer schnelleren Einführung neuer Anwendungen und dem damit einhergehenden früheren ROI kann aufgrund der automatisierten Programmerstellung und der höheren Abstraktion zudem mit einer verbesserten Qualität gerechnet werden.

---

[4] http://www.borland.com/de/products/together/

[5] http://www.openarchitectureware.org/

6 Ausblick

Die genannten Aspekte und Argumente für den Einsatz einer DSL gelten auch für den beschriebenen Anwendungskontext der Integration von Drittsystemen aus Sicht einer Schadenanwendung für Versicherungen. Die entwickelte DSL erfüllt alle genannten Anforderungen und ermöglicht eine einheitliche Beschreibung der Struktur der Systeme, der Zugriffslogik sowie die Generierung der notwendigen Implementierung. Hinsichtlich der weiteren Entwicklung und unter dem Gesichtspunkt einer weiteren Vereinfachung wird die DSL derzeit auf EMF/Ecore portiert und ein entsprechender Editor mit Grafiksymbolen ohne UML-Semantik entwickelt.

Grundsätzlich ist anzumerken, dass im Anwendungsumfeld der Versicherungen der Ansatz zur Entwicklung und Verwendung spezifischer DSLs kaum zu beobachten ist. Der erste Schritt hierzu, d.h. die Integration der grundsätzlichen Konzepte der MDA bzw. häufiger MDSD in den Entwicklungsprozess, ist jedoch in den IT-Abteilungen verschiedener Versicherungen erfolgreich umgesetzt und etabliert.

Im konkreten Anwendungskontext konnte durch die DSL der Aufwand für die Integration deutlich reduziert und die Usability für den Anwender wesentlich verbessert werden. Die bei der Entwicklung der DSL gemachten positiven Erfahrungen bestärken somit den Eindruck, dass die Entwicklung domänenspezifischer Sprachen zu Recht einen starken Trend in der Softwareentwicklung darstellt und die Art und Weise der Softwareentwicklung verändern wird.

Literatur

[Alu01] Alur, Deepak; Crupi, John; Malks, Dan: core J2EE Pattern: Best Practices and Design Strategies. New Jersey. Prentice Hall, 2001

[Bas03] Bass, Len; Clements, Paul; Kazman, Rick: Software Architecture in Practice. 2. Aufl. Arlington: Pearson Education, 2003

[Eff07] Efftinge, Sven; Stahl, Thomas; Völter, Markus: Modellgetriebene Softwareentwicklung. Techniken, Engineering, Management. Heidelberg. dpunkt Verlag, 2007

[Fow98] Fowler, Martin: Analysemuster. München: Addison-Wesley, 1998

[GOF97] Gamma, Erich; Helm, Richard; Johnson, Ralph E.; Vlissides, John: Design Pattern. Elements of Reusable Object-Oriented Software. Boston. Addison-Wesley, 1997

[Gor03] Gornik, Davor: UML Data Modeling Profile. http://www.jeckle.de/files/RationalUML-RDB-Profile.pdf IBM Rational, 2003

[Gre04] Greenfield, Jack: Software Factories: Assembling Applications with Patterns, Models, Frameworks, and Tools.
http://msdn2.microsoft.com/en-us/library/ms954811.aspx
Microsoft Corporation, 2004

[Kan00] Kande, Mohammed M.; Strohmeier, Alfred: Towards a UML Profile for Software Architecture Descriptions. Swiss Federal Institute of Technology, Lausanne. Lausanne, 2000. Forschungsbericht.

[Lin04] Linticum, David S.: Next Generation Application Integration. From Simple Information to Web Services. Arlington: Addison-Wesley, 2004

[Pie07] Pietrek, Georg, Trompeter, Jens (Hrsg.): Modellgetriebene Software-entwicklung. MDA und MDSD in der Praxis. Frankfurt. Entwickler.Press, 2007

[Sta05] Stahl, Thomas; Völter, Markus: Modellgetriebene Softwareentwicklung; Techniken, Engineering, Management. Heidelberg: dpunkt Verlag, 2005

Einsatz von Software Factories für die Generierung von Diagnosekomponenten in der Automatisierungstechnik

Michael Heller / Alexander Engelhardt

mhr@mm-software.com / aet@mm-software.com

M&M Software GmbH

www.mm-software.com

Inhalt

Zusammenfassung

Hersteller von Automatisierungskomponenten benötigen komplexe Software-bausteine, um ihre Geräte in Wartungssysteme zu integrieren. Die hier vorgestellte Software Factory kann solche Bausteine vergleichsweise kostengünstig erstellen. Der Softwarebaustein wird dabei basierend auf den Informationen aus einer domänenspezifischen Modellierungssprache (Gerätebeschreibung) automatisiert erstellt und kann manuell nach Bedarf erweitert werden.

Am Beispiel der vorgestellten Lösung werden einige Kernaspekte von Software Factories aufgezeigt und um praktische Erfahrungen ergänzt.

1 Ausgangssituation

In prozesstechnischen Anlagen, beispielsweise Ölraffinerien oder Bioreaktoren, werden eine Vielzahl von intelligenten Automatisierungskomponenten (beispielsweise Durchflusssensoren oder Stellventile) verwendet, um den chemischen oder biologischen Prozess optimal effizient zu steuern.

In der Regel müssen dazu Komponenten von sehr unterschiedlichen Herstellern in ein Steuerungssystem integriert werden. Das Steuerungssystem enthält dazu einen Interpreter, der eine standardisierte Gerätebeschreibungsdatei zur Laufzeit auswertet und so jede Komponente mit ihren spezifischen Einstellparametern bedienbar macht. Diese Gerätebeschreibungsdatei wird vom Komponentenhersteller bereitgestellt. Eine in der Praxis häufig verwendete Gerätebeschreibungssprache ist die von der IEC spezifizierte „Electronic Device Description Language" (EDDL) [IEC06].

Eine Anlage ist dann rentabel, wenn sie unterbrechungsfrei läuft. Ein Komponentenhersteller kann sich deshalb vom Wettbewerb dadurch abheben, dass er zuverlässig vorhersagen kann, wann eine Wartung tatsächlich erforderlich ist.

Diese zusätzliche, zum eigentlichen Betrieb bereitgestellte und häufig sehr innovative Diagnosefunktionalität kann oft nicht über die Gerätebeschreibung sinnvoll in das Wartungssystem eingebunden werden. Der Sprachumfang solcher Gerätebeschreibungen reicht dazu nicht aus. Daraus resultiert der Wunsch der Komponentenhersteller, ihre Komponenten spontan und ohne künstliche Grenzen im System zu präsentieren.

Eine mögliche Lösung wäre die Erweiterung der Gerätebeschreibungssprache. Das ist jedoch zeitlich aufwendig: Konsensfindung in den Gremien, Standardisierungsprozess und Umsetzung in den Leitsystemen dauern lange. Auch ist sie limitiert auf den gemeinsamen Nenner. Das bremst die Innovationsdynamik der Komponentenhersteller kräftig ab.

Die Komponentenhersteller benötigen also die Möglichkeit, eigene Softwarebausteine in das System zu integrieren. Damit können dann Hochsprachen und aktuelle Programmierwerkzeuge für die Präsentation und Bedienung der Diagnosefunktionalität benutzt werden. Für die Integration der resultierenden Softwarebausteine hat sich die Industrie auf den Schnittstellenstandard „Field Device Tool" (FDT) [FDT05] geeinigt.

Als Konsequenz liefern Komponentenhersteller zusätzlich zu ihrem eigentlichen Produkt (z.B. Durchflussmessgerät) sowohl eine Gerätebeschreibungsdatei für die grundlegende Einbindung ins Steuerungssystem, als auch einen binären Softwarebaustein zur komfortablen Integration ins Wartungssystem.

Die Erstellung einer Gerätebeschreibung ist vergleichsweise einfach, da sich die Sprache an den Abstraktionen der Domäne orientiert. Dagegen ist die Implementierung des Softwarebausteins zumindest im ersten Ansatz recht aufwendig. Es muss die komplette Logik zur Geräteparametrierung zusätzlich zur Diagnosefunktionalität manuell programmiert werden – obwohl der Großteil der Information bereits maschinenlesbar in der Gerätebeschreibungssprache vorliegt.

Die Hersteller von Automatisierungskomponenten wünschen sich deshalb, die einfach zu erstellende Gerätebeschreibung als Grundlage für die möglichst automatische Generierung der wesentlich komplizierteren Softwarebausteine zu verwenden.

2 Lösungskonzept

Die Erfüllung der oben genannten Wünsche ist durch ein entsprechendes Werkzeug möglich, das speziell für das Erstellen derartiger Softwarebausteine konzipiert wird. Mit einem derart spezialisierten Entwicklungswerkzeug kann eine erhebliche Produktivitätssteigerung erreicht werden. Der Softwarebaustein wird dabei basierend auf den Informationen aus der Gerätebeschreibung automatisiert erstellt und kann manuell nach Bedarf erweitert werden.

Dieser automatisierte Ansatz zur Erstellung von Software wird in der Software-Industrie gerne als „Software Factory" bezeichnet.

2.1 Software Factory

In der Literatur finden sich verschiedene Definitionen von Software Factories die bis ins Jahr 1968 zurückgehen. Vielen gemeinsam ist der Vergleich zur konventionellen Fabrik, in der Güter automatisiert hergestellt werden.

In [GS04] Seite 591 wird die Software Factory als eine neue Herangehensweise vorgestellt, die vorhandene Technologien verwendet um die Entwicklung von Software zu automatisieren. Dabei wird vor allem der Fokus von dem einzelnen Produkt hin zur Produktfamilie verschoben. Letztlich ist eine Software Factory gemäß [SB07] vor allem ein Software-Entwicklungswerkzeug, welches diese Herangehensweise umsetzt.

In [LW06] werden die vier „Säulen" einer Software Factory vorgestellt:

- Product Line Development

- Modellgetriebene Softwareentwicklung

- Architecture Frameworks

- Guidance in Context

Nachfolgend werden diese im Kontext der automatisierten Erstellung von Softwarebausteinen für die Gerätediagnose, ausgehend von einer Gerätebeschreibungssprache, eingeordnet.

2.1.1 Product Line Development

Die zahlreichen Definitionen einer Product Line haben, wie die der Software Factories, meist den gemeinsamen Nenner des Vergleichs mit konventionellen Gütern. Produktlinien sind bezeichnend für verschiedene Ausprägungen eines Produkts. Dabei kann eine Grundvariante an weitere, kundenspezifische Anforderungen angepasst werden. Beim Autokauf beispielsweise kann der Käufer aus einer Vielzahl von Modellen und Konfigurationsmöglichkeiten auswählen um das jeweilige Wunschauto zu erhalten. Für manche sind diese werkseitigen Autos allerdings noch nicht das wirkliche Traumauto. Für diese Kunden gibt es eine Tuning-Industrie, die darüberhinausgehende Wünsche wahr werden lässt.

Ähnlich verhält es sich in der Automatisierungsindustrie: Für den Fall, dass aus einer Gerätebeschreibung ein Softwarebaustein erstellt wird, kann der dadurch entstehende Baustein nicht alle gewünschten Anforderungen abdecken. So ist das Gerät zwar mit Hilfe des Softwarebausteins im gleichen Umfang, wie es mit der interpretierten Gerätebeschreibung möglich wäre, bedienbar, die komplexe Diagnosefunktionalität muss jedoch noch hinzugefügt werden, da es der Gerätebeschreibungssprache an Konzepten für deren Modellierung fehlt. Der generierte Baustein ist damit die Grundvariante ohne Extras.

Für die Anpassung an spezifische Anforderungen besteht also Bedarf an vielen „Extension Points". Beispielsweise möchte man die Benutzeroberfläche für die Diagnosefunktionalität möglichst einfach dem Baustein hinzufügen. Weitere, in diesem Kontext wichtige, sich fast immer wiederholende Erweiterungen sind etwa das Umsetzen einer „Corporate Identity" oder das Anpassen an feldbusspezifische Eigenheiten. Zusätzlich zu diesen typischen Erweiterungen ist es erforderlich kundenspezifische Spezialausführungen umzusetzen. So ist es möglich, hersteller- und gerätespezifische Dienste wie eine nicht standardisierte, jedoch stark optimierte Kommunikation mit der Automatisierungskomponente nach einem vordefinierten Muster in den Diagnosebaustein zu integrieren. Durch diese Extension Points kann sich der Hersteller von seinen Mitbewerbern unterscheiden und die Kunden für sich gewinnen.

Diese Erweiterungsmöglichkeiten sind also eine zentrale Anforderung an die Gesamtlösung und müssen vom weiter unten erläuterten Architecture Framework auf verschiedene Weise zur Verfügung gestellt werden, insbesondere durch ein API, das sich ähnlich wie die Gerätebeschreibungssprache an den Konzepten der Domäne orientiert.

Um eine effiziente Software Factory erstellen zu können, ist es auch notwendig, deren Funktionalität klar abzugrenzen. Dabei ist ein Domänen-Engineering durchzuführen, um gemeinsame und variable Eigenschaften (Features) der Zielprodukte zu identifizieren. Anhand des Domänenwissens muss dann entschieden werden, welche variablen Features als Optionen in der Produktlinie verankert werden und welche nicht. Diese variablen Features sind mit den Konfigurationsmöglichkeiten beim Autokauf vergleichbar.

Zusätzlich sollte es möglich sein, ausgefallene Features zu realisieren, ohne dass dies durch die Software Factory automatisiert ist. Dabei dient die Definition von Extension Points als handhabbares Mittel.

2.1.2 Modellgetriebene Softwareentwicklung

Bei modellgetriebener Softwareentwicklung (MDSD) geht es darum, Code für eine domänenspezifische Bibliothek aus einem Modell zu generieren. Der generierte Code wird dabei meist für eine Sprache der dritten Generation verfasst, während das Modell in einer abstrakteren Sprache spezifiziert ist. Diese Sprache orientiert sich dabei an den Konzepten einer Domäne. Man nennt sie deshalb auch häufig „Domain Specific Languages" (DSL) [CE00]. Durch die starke Einschränkung des Einsatzbereichs der DSL kann eine Beschreibung innerhalb der Domäne entsprechend effizient gestaltet werden.

Bei der vorgestellten Gerätebeschreibungssprache EDDL handelt es sich um eine solche DSL. Im Kontext der MDSD ist sie ein Metamodell – eine konkrete Gerätebeschreibung für eine spezifische Komponente ist ein Modell.

Der Entwickler eines MDSD Tools steht vor der Herausforderung, die in der DSL modellierte Applikationslogik in eine weniger abstrakte, aber flexiblere Programmiersprache zu transformieren. Der so erstellte Code kann dann, zusammen mit einer domänenspezifischen Bibliothek, zum benötigten Softwarebaustein integriert werden. Diese domänenspezifische Bibliothek ist im Kontext von Software Factories ein elementarer Bestandteil des „Architecture Frameworks", das im nächsten Abschnitt erläutert wird.

Eine Möglichkeit, das Modell zu Code zu transformieren, stellt das Muster „Metamodell und Template" (vergleiche [SV05] Seite 178) dar. Das bedeutet für die Praxis, dass, wie in Abbildung 1 dargestellt, aus dem Template eine

Methode des Metamodells aufgerufen werden kann, die dann entweder eine Zeichenkette zurückgibt und die Lücke im Template füllt oder ein Modellelement liefert, welches zur Folge hat, dass ein weiteres Template ausgeführt wird.

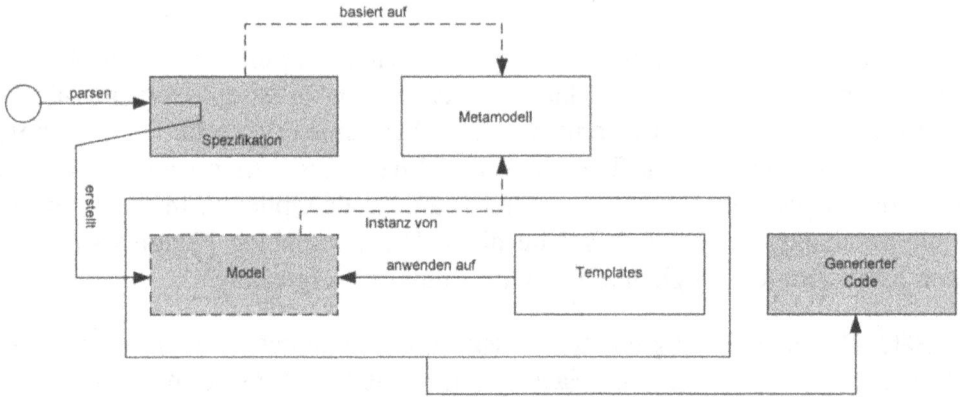

Abbildung 1: Codegenerierung mittels Metamodell und Templates

Für die konkrete Transformation der Gerätebeschreibung in Code benötigt man zwei Teile, die nachfolgend als „Frontend" und „Backend" bezeichnet werden. Beide Teile zusammen ergeben den Code-Generator.

Das Backend verknüpft das Template mit dem Metamodell und transformiert so die Gerätebeschreibung in Code. Die benötigte Instanz des Metamodells wird dabei vom Frontend zur Verfügung gestellt.

Mit Hilfe von Klassenbibliotheken, wie etwa openArchitectureWare[1], lässt sich das Backend des Code-Generators vergleichsweise einfach erstellen.

Für das Frontend wird – unabhängig davon, wie man im weiteren Verlauf des Generierungsprozesses vorgeht – ein Parser benötigt, um die in der Gerätebeschreibung codierten Informationen zu extrahieren. Da es sich bei Gerätebeschreibungen wie der EDDL um eine textuelle Spezifikation handelt, eignen sich Parser-Generatoren wie JavaCC[2] oder ANTLR[3] besonders gut für die Tool-unterstützte Erstellung eines solchen Parsers. Dieser wird dabei anhand der Grammatik generiert. Unter Verwendung weiterer Helfer resultieren daraus Klassen für einen Objektgraphen, meist in Form eines Abstrakten

---

[1] www.openarchitectureware.org

[2] javacc.dev.java.net

[3] www.antlr.org

Syntaxbaums (AST). Der Parser muss in das Frontend integriert werden. Nach einem erfolgten Parser-Durchlauf stellt dieses die in der Gerätebeschreibung enthaltenen Informationen dem Backend als Modell (=Instanz des Metamodells) zur Verfügung.

Nun kann der Codegenerierungsprozess gestartet werden. Dabei werden aus den Templates heraus Methoden des Metamodells aufgerufen, die den synthetisierten Code als Rückgabewert liefern. Die für die Synthese benötigten Informationen werden aus den Objekten des Modells bezogen und entsprechend ausgewertet.

2.1.3 Architecture Frameworks

Wie oben bereits erwähnt, wird bei modellgetriebener Softwareentwicklung stets für eine domänenspezifische Bibliothek Code generiert. Im Kontext von Software Factories ist diese Bibliothek ein wesentlicher Bestandteil des „Architecture Frameworks". Ein solches Framework beinhaltet alles, was benötigt wird um die Produkte einer Produktlinie zu erstellen. Es stellt also mehr als das eigentlich Software-Framework (die domänenspezifische Bibliothek) dar. Es beinhaltet zusätzlich beispielsweise die dazugehörigen Architekturdokumente, Anforderungen und Feature-Modelle.

Die Architektur einer Bibliothek zur Erstellung von Softwarebausteinen für die Bedienung von Automatisierungskomponenten sieht zwei grundlegende Bestandteile vor: die Integrationsschicht und die Gerätebedienungsschicht.

Letztere stellt Konzepte aus der DSL zur Verfügung, mit denen ein Proxy der Automatisierungskomponente implementiert werden kann. Dieser Proxy muss die Schnittstellendefinition des Softwarebausteins einhalten. Dazu wird er mit der Integrationsschicht verknüpft, die sich um die teilweise schwierigen Details der Schnittstellentechnologie kümmert. Beide Schichten sind idealerweise unabhängig voneinander.

Wie weiter oben aufgeführt, wird für die Umsetzung des Konzepts der Produktlinie eine Reihe von Extension Points benötigt. Um die reibungslose Abstimmung auf die vielfältigen möglichen Anforderungen zu gewährleisten, müssen diese Extension Points ein fester Bestandteil der Architektur sein. Dabei ist es unerheblich, in welcher Schicht diese angesiedelt sind. Wichtig hingegen ist, dass Architekturdokumente und Beispielimplementierungen dem Anwender der Software Factory helfen, die gewünschten Erweiterungen vorzunehmen.

An dieser Stelle soll darauf hingewiesen werden, dass sich das Architecture Framework zur Erstellung von Diagnosebausteinen nicht nur für die Erstel-

lung eines Bausteines mittels einer Software Factory eignet. Die Gerätebedienungsschicht orientiert sich an den Abstraktionen der Domäne und sollte
deshalb nicht auf eine spezifische Verwendung, beispielsweise mittels des
modellgetriebenen Generators, optimiert sein. Dadurch kann sie auch für andere Entwicklungsprojekte verwendet werden, bei denen der Einsatz der Software Factory nicht gewünscht oder nicht sinnvoll ist. Gleiches gilt für die
Integrationsschicht. Die Details der Schnittstellentechnologie sind stets die
gleichen, unabhängig davon, wie der Baustein implementiert wurde.

2.1.4 Guidance in Context

Da auch die oben vorgestellten Erweiterungen möglichst effizient ablaufen
sollen, sind weitere Automatisierungen und Hilfsmittel, die den Entwickler bei
der individuellen Anpassung des Produkts an die unterschiedlichsten Anforderungen unterstützen, erforderlich. Gemäß [LW05] wird dies im Umfeld von
Software Factories als Guidance in Context bezeichnet.

Über das eigentliche Anpassen des Produkts an die spezifischen Anforderungen hinaus gibt es weitere, sich wiederholende Aufgaben, die es zu automatisieren gilt. Für eine Factory, die aus einer Gerätebeschreibung einen Softwarebaustein erstellt, ergibt sich beispielsweise der folgende Ablauf, der idealerweise komplett von verschiedenen Tools erledigt wird:

1. Die Quelldateien müssen zunächst so vorbereitet werden, dass sie vom
   Generator verarbeitet werden können. Die daraus vom Generator erstellten Dateien müssen dann in ein automatisch erstelltes Verzeichnis
   kopiert werden.

2. Zusätzlich muss eine Projektdatei erstellt werden, die sowohl den
   generierten Code, als auch das für die entsprechende Feldbus-
   Kommunikation passende Framework enthält. Diese Projektdatei ist
   erforderlich, damit die Komponente gebaut oder manuell nachbearbeitet
   werden kann. Das kann typischerweise mit geeigneten Script-Sprachen
   wie Perl oder Build-Tools wie ANT[4] erfolgen.

3. Üblicherweise folgt dann die Erstellung einer Benutzerschnittstelle, die
   die aufwendige Diagnosefunktionalität zur Verfügung stellt. Hier bieten
   sich speziell erstellte Assistenten an, um die man universelle Entwick-
   lungsumgebungen wie das Visual Studio von Microsoft erweitert. Die
   Assistenten fragen beispielsweise die für die Corporate Identity benötigten Grafiken und das Layout ab. Aus den abgefragten Details kann der

---

[4] ant.apache.org

Assistent eine leere Hülle erstellen, die vom Entwickler weiter bearbeitet werden kann.

2.2 Produktionsplan

Abbildung 2 zeigt, wie ausgehend von der Gerätebeschreibung (DSL) Code für die domänenspezifische Bibliothek erstellt wird.

Das damit gewonnene Ausgangsprodukt für die Software-Produktlinie kann mit Hilfe der Extension Points an die spezifischen Anforderungen angepasst werden. Durch Guidance in Context wird ein hoher Automatisierungsgrad bei den ständig wiederkehrenden Aufgaben bis zum fertigen Softwarebaustein erreicht.

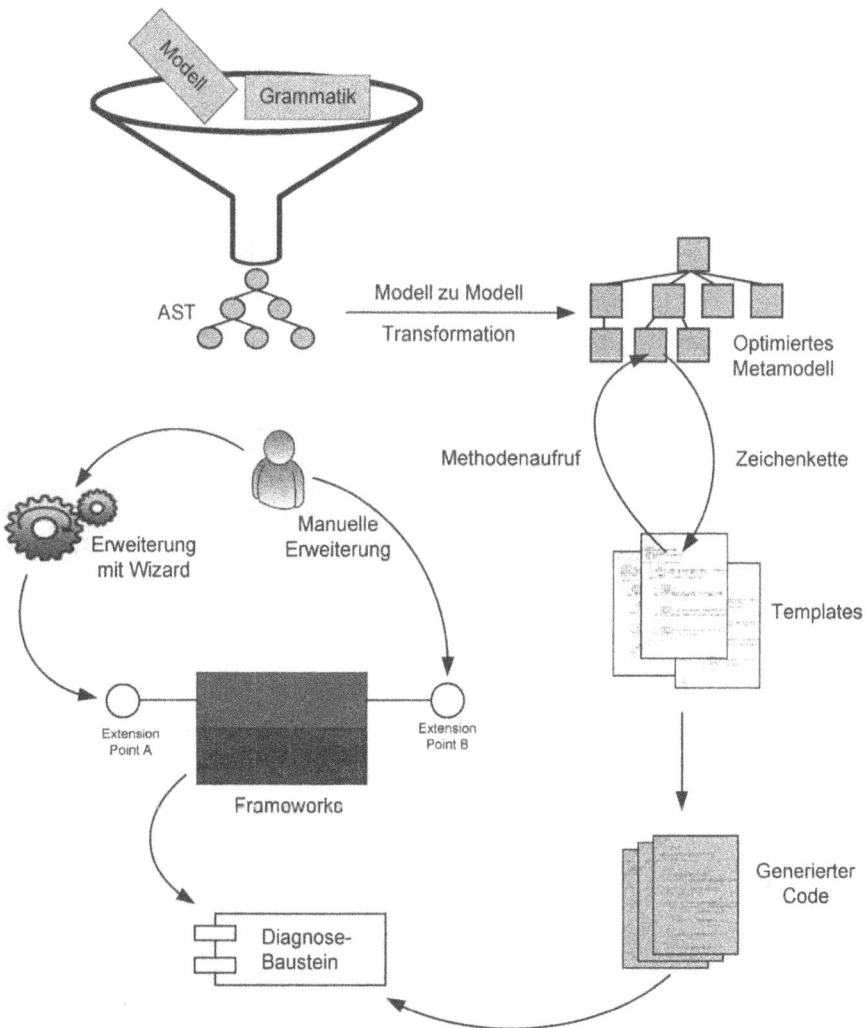

Abbildung 2: Produktionsplan der Software Factory

3 Gesammelte Erfahrungen

Historisch betrachtet wurde mit der Erstellung eines Generators begonnen. Damit einher ging die Entwicklung der dazugehörigen domänenspezifischen Bibliothek, insbesondere der Gerätebedienungsschicht. Der Ausbau zur Software-Produktlinie und die Einführung von Guidance in Context erfolgten erst später. Entsprechend soll hier mit der Schilderung ausgewählter „lessons learned" bei der modellgetriebenen Softwareentwicklung begonnen werden. Danach folgen die Wiedergabe einiger Erfahrungen mit Guidance in Context und ein kurzer Vergleich mit alternativen Ansätzen zur Erstellung von Diagnosebausteinen, bei deren Erstellung kein Gebrauch von Software Factories gemacht wird.

3.1 Best Practices für die Codegenerierung

3.1.1 Vorgehen für die Generierung

Man beginnt damit, den Code, den man später generieren möchte, von Hand zu schreiben. Der so erstellte Code wird dahingehend analysiert, was man aus dem Metamodell an Informationen entnehmen kann. Stellt man fest, dass man die benötigte Information nicht aus dem Metamodell bekommt, muss man entweder die domänenspezifische Bibliothek ändern, die händische Implementierung überdenken oder die DSL erweitern.

3.1.2 Generator an die Bibliothek anpassen, nicht andersherum

Die domänenspezifische Bibliothek muss die grundlegenden Konzepte der Domäne abdecken und technologisch (Software-technisch) sauber strukturiert sein. Sie ist ebenso für die händische Implementierung von Softwarebausteinen für die Bedienung von Automatisierungskomponenten geeignet wie für deren generative Erstellung. Entsprechend sollten Architektur und Design nicht an den Generator angepasst werden. Der Generator muss Code für die Bibliothek erzeugen. Vermeintliche Abkürzungen, die die Implementierung des Generators auf den ersten Blick einfacher erscheinen lassen, sollten vermieden werden, da man damit die Konsistenz und das Design der Bibliothek gefährdet.

3.1.3 Generierter Code muss als solcher erkennbar sein

Speziell während der Entwicklung des Generators wird man häufig generieren und den generierten Code testen. Um die generierten Teile leicht zu lokalisieren, empfiehlt es sich, diese zu markieren. Dies kann durch die Verwendung einer definierten Verzeichnisstruktur erfolgen.

3.1.4 Generierten Code und nicht generierter Code

Generierter Code bedarf üblicherweise keiner manuellen Änderung. Wenn doch, dann ist der generierte Code meist falsch. Es muss also der Generator so abgeändert werden, dass der generierte Code nicht manuell geändert werden muss.

Hierbei ist auch zu beachten, dass händisch geänderter Code beim nächsten Generatorlauf wieder überschrieben wird, soweit man keine speziellen Vorkehrungen getroffen hat.

Für generierte Dateien, in denen sich eine Mischung aus Infrastrukturcode und generiertem Code nicht vermeiden lassen, sollte klar gekennzeichnet sein, welcher Code generiert wurde und welcher zur Integration des generierten Codes dient. Abhängig von der gewählten Zielsprache ergeben sich weitere Möglichkeiten wie „Regions" oder „Partial Classes".

Es gibt Situationen, in denen zum generierten Code händisch implementierter Code hinzugefügt werden muss, der dem generierten Code entspricht. Das ist eine typische Vorgehensweise, wenn beispielsweise eine Gerätebeschreibung nicht alle Parameter der Automatisierungskomponente enthält. Um jedoch diese meist für komplexe Aufgaben benötigten Parameter, benutzen zu können, müssen sie manuell (aber auf die gleiche Art und Weise wie es der Generator machen würde) implementiert werden. Wenn man diese Implementierung in der gleichen Datei vornehmen würde, würde sie beim nächsten Generatorlauf überschrieben werden. Um das zu verhindern, gibt es zwei praktische Möglichkeiten. Entweder man definiert „Protected Areas", die dann vom Generator erkannt und in das neue Generat mit übernommen werden, oder man entscheidet sich für eine dreischichtige Implementierung mittels Vererbung, soweit die Zielsprache dies zulässt. Eine abstrakte Basisklasse enthält dabei den Infrastrukturcode und alle allgemeingültigen Codeteile, der die Integration in die domänenspezifische Bibliothek ermöglicht. Der Generator erzeugt eine davon abgeleitete Klasse, die die spezifischen Teile enthält, die aus den Informationen des Modells gewonnen werden. Möchte man nun den Code händisch erweitern, leitet man erneut ab und ruft zuerst die generierte Basisklasse auf, bevor man die händischen Erweiterungen ausführt.

3.1.5 Generierter Code muss gut lesbar und strukturiert sein

Vorschriften, wie manuell implementierter Code auszusehen hat, sind heute selbstverständlich. Die gleichen Vorschriften müssen auch für generierten Code gelten.

Selbst wenn man generierten Code nicht manuell nachbearbeitet, ist es notwendig ihn zu verstehen, damit man während der Entwicklung des Generators entscheiden kann, ob das Generat den Anforderungen gerecht wird. Entsprechend wichtig sind die Lesbarkeit und eine gute Struktur.

Es wird vorkommen, dass man den generierten Code debuggen muss. Das ist ein weiterer Grund, der für gut formatierten Code spricht, da man selbst moderne Debugger mit vielen Leerzeilen in Ausdrücken häufig an die Grenzen treiben kann – ganz abgesehen vom damit beschäftigten Entwickler. Es ist unsinnig, bereits im Template auf die Formatierung des Generats zu achten. Das würde dazu führen, dass die Templates selbst schlechter lesbar sind und damit nicht wartbar. Sowohl Template als auch generierter Code müssen ordentlich aussehen. In der Praxis wird man deshalb dem Generierungsvorgang noch ein Tool („Beautifier") für die Formatierung nachschalten.

3.1.6 Optimierung der Synthese durch Modell-zu-Modell Transformation

Der abstrakte Syntaxbaum der Gerätebeschreibungssprache ist wesentlich unübersichtlicher, als man es beispielsweise von Sprachen der dritten Generation kennt, insbesondere weil die Anzahl der Schlüsselwörter bei der Gerätebeschreibungssprache höher ist. Wenn man direkt aus dem AST synthetisiert, wird die Implementierung der Synthese entsprechend unübersichtlich.

Um die Informationen des AST für den Entwickler anschaulicher und leichter zugreifbar zu haben, empfiehlt sich eine Modell-zu-Modell Transformation des AST in ein optimiertes Metamodell. In diesem Metamodell liegen die Informationen konsolidiert vor und erleichtern damit sowohl die Synthese als auch die Validierung des Modells.

3.1.7 Synthese so weit wie möglich im Template

Das Metamodell muss auf Methodenaufrufe aus dem Template reagieren und die erwarteten Zeichenketten zurückgeben. Dazu gibt es zwei Ansätze:

Beim ersten, weniger aufwendigen Ansatz wird viel Code im Metamodell durch schlichte String-Verkettung erzeugt. Das hat den Nachteil, dass man starke Abhängigkeiten zur Zielsprache (Generat) bekommt.

Beim zweiten Ansatz versucht man soviel Logik wie möglich im Template abzulegen. Dadurch wird ein Wechsel der Zielsprache durch Austauschen der Templates möglich. Das gilt insbesondere dann, wenn man syntaktisch ähnliche Sprachen verwendet wie beispielsweise beim Wechsel von C# nach C++.

3.2 Erfahrungen mit Guidance in Context

Wie oben bereits angemerkt, wurde mit Guidance in Context später begonnen als mit der modellgetrieben Generierung. Spätestens wenn der Generator erste zufriedenstellende Lösungen liefert, stößt man zwangsläufig auf dieses Thema.

3.2.1 Automatisierte Hilfestellung

Die typischen, immer wiederkehrenden Aufgaben wie das Vor- und Nach-bereiten der Dateien, das Kopieren und Sortieren des generierten Codes und das Einbetten in ein Projekt der Entwicklungsumgebung lassen sich hervor-ragend mit Build-Tools wie ANT automatisieren. Für Aufgaben, bei denen Dateien automatisch editiert werden müssen (beispielsweise Konfigurations-dateien) eignen sich Skriptsprachen wie Perl. Diese Art der Automatisierung benötigt idealerweise keine Interaktion mit dem Benutzer. Entsprechend kann hier eine Vollautomatisierung stattfinden.

Eine weitere, sehr effiziente Maßnahme zur Steigerung des Automatisierungs-grades ist die Erstellung von Assistenten. Diese „Wizards" eignen sich dann, wenn sich Aufgaben, die eine Benutzerinteraktion erfordern, häufig wieder-holen. Die erstellten Assistenten sollten dabei idealerweise so implementiert sein, dass sie unabhängig von einer Plug-In-Technologie (beispielsweise für die Integration in spezifische Entwicklungstools, IDEs) sind.

Mittlerweile gibt es spezielle Tools für Guidance in Context, wie etwa das Guidance Automation Toolkit von Microsoft (GAT). Die Erfahrungen mit diesen Tools sind bisher jedoch negativ geprägt, da sich das Tool zum Unter-suchungszeitpunkt auf die Sprachen C# und VB.net beschränkte. Das bedeutet in der Praxis, dass man sich auf eine Zielsprache festlegen muss, was für den hier vorgestellten Ansatz nicht in Frage kam. Zudem wurde die präferierte Sprache Visual C++ nicht unterstützt.

3.2.2 Nicht- automatisierte Hilfestellung

Zum Themenkomplex des Guidance in Context sollte nicht nur die automa-tisierte Hilfestellung betrachtet werden. Traditionelle Hilfestellungen für Ent-wickler, wie etwa eine gute Dokumentation – im Speziellen der verfügbaren Schnittstellen – sind nach wie vor wichtig.

Der automatisierte und manuelle Ansatz von Guidance in Context können auch sinnvoll kombiniert werden, indem beispielsweise die API-Dokumen-tation automatisiert aus den Kommentaren im Source-Code erstellt wird. Die Dokumentation von sich wiederholenden Aufgaben zur gewünschten kundenspezifischen Erweiterung kann in Form von Schritt-für-Schritt-Anleitungen (How-Tos) erfolgen. Dieses Vorgehen liefert auch gleichzeitig den benötigten Input für eine spätere Automatisierung.

3.3 Vergleich mit alternativen Ansätzen

Die Verwendung der Software Factory ist meist die effizienteste Möglichkeit zur Erstellung von Diagnosebausteinen für Automatisierungskomponenten. Abhängig von den Anforderungen des Kunden muss jedoch häufig ein anderes Vorgehen gewählt werden.

3.3.1 Interpretativ

Eine häufige Anforderung an einen Diagnosebaustein ist die Unterstützung von Änderungen der Geräteeigenschaften ohne Neukompilierung. Die hier vorgestellte Software Factory kann diese Anforderung nicht erfüllen, da die Eigenschaften mittels generierten Quellcodes festgelegt sind.

Für solche Fälle wird anstelle des generativen ein interpretativer Ansatz benötigt. Abhängig von der verwendeten DSL ist dieser entsprechend komplex und ähnlich aufwendig wie die Erstellung des modellgetriebenen Generators. Die Erfahrung zeigt hier auch, dass viele Konzepte, die generativ sehr einfach abgedeckt werden können, nur sehr schwer interpretativ umsetzbar sind. Entsprechend bringt ein interpretativer Ansatz Einschränkungen mit sich, um den Aufwand vertretbar zu halten. Bei entsprechender Konzipierung ist dabei das Software Framework für den Interpreter das gleiche wie bei der Software Factory.

3.3.2 Handimplementierung

Das herkömmliche Vorgehen zur Erstellung eines Diagnosebausteins ist die individuelle Implementierung - üblicherweise unter Verwendung eines rudimentären Software-Frameworks. Dieses Vorgehen bietet sich immer dann an, wenn die Anforderungen nicht mit der Software Factory oder einem anderen Ansatz abgedeckt werden können. Insbesondere wird eine individuelle Implementierung dann benötigt, wenn die geforderte Funktionalität nicht mit dem verfügbaren Sprachmittel der DSL beschrieben werden kann. Eine derartig komplexe Funktion stellt beispielsweise die komplette Gerätesimulationen dar.

4 Fazit und Ausblick

Hat man erst einmal die vielfältigen und komplizierten Werkzeuge erstellt, kann man mit Hilfe einer Software Factory äußerst effizient – quasi am Fließband – Software für eine ganze Produktlinie produzieren. Die Erstellung der Werkzeuge ist jedoch mit Aufwand verbunden.

Speziell die modellgetriebene Generierung hat eine hohe Eintrittsschwelle. Hier muss sehr viel investiert werden, bevor sich Erfolge einstellen, insbesondere dann, wenn die am Markt erhältlichen Standardtools nicht ausreichen. Wenn die Eintrittsschwelle überwunden ist, kann man sich über eine flexible und leicht erweiterbare Generierungsplattform freuen. Spätestens dann gewinnt die domänenspezifische Bibliothek an Bedeutung, da sie die Grundlage dessen ist, für was man generiert. Und genau dann wird das domänenspezifische Wissen unersetzlich. Letztlich bestimmt das domänenspezifische Framework die Güte der gesamten Lösung durch die Fähigkeit der Anpassbarkeit an Gerätespezifika. Die unter Guidance in Context zusammengefassten Automatisierungsmaßnamen erwiesen sich letztlich als ein weiteres Mittel zur Steigerung der Produktivität, aber vor allem als ein unabdingbares Instrument zur Kommunikation der Idee der Software Factory an deren Anwender. Wie sonst sollten diese die Diagnosekomponenten um die geforderten Funktionalitäten erweitern können.

Der Tool-Verbund aus den verschiedenen Ansätzen zur Software-Entwicklung macht eine Software-Factory zu einer anspruchsvollen, jedoch lohnenswerten Aufgabe.

So fördert die Erstellung selbst das Erlernen domänenspezifischen Wissens, wodurch eine verbesserte Strukturierung des gesamten Frameworks ermöglicht wird. Dabei soll erwähnt werden, dass bereits domänenspezifische Vorkenntnisse zwingend vorhanden sein müssen. So zeigte es sich immer wieder, dass weniger domänenerfahrene Entwickler mit dem zugrundeliegenden Integrationsstandard als auch mit dem notwendigen Abstraktionsvermögen für eine Produktlinie überfordert sind.

Die bisher implementierte Software Factory ist trotz des hohen Automatisierungsgrades noch ein schwierig zu bedienendes Tool. Entsprechend wird die Factory momentan weiterentwickelt, damit sie auch von weniger domänenerfahrenen Entwicklern verwendet werden kann. Wenn diese Erweiterung abgeschlossen ist, kann die Software Factory durch eine einzige Bedienoberfläche konfiguriert und gesteuert werden. Damit können Hersteller von Automatisierungskomponenten die Factory erwerben und selbst nutzen.

Literatur

[CE00] Czarnecki, Krystof; Eisenecker, Ulrich: Generative Programming: Methods, Tools and Applications. 1st Edition. Boston[u.a.] : Addision-Wesley, 2000, 137ff

[FDT05] FDT Joint Interest Group: FDT Interface Specification, Version 1.2.1. Diegem: FDT Group AISB, 2005

[IEC06] International Electrotechnical Commision: Function Blocks (FB) for process control - Part 3: Electronic Device Description Language (EDDL). Genf: IEC, 2006

[LW06] Lenz, Gunter; Wienands, Christoph: Practical Software Factories in .NET. Berkeley: Apress, 2006, S.7ff

[SV05] Stahl, Thomas; Völter, Markus: Modellgetriebene Softwareentwicklung: Techniken, Engineering, Management. Heidelberg, Necker: dpunkt, 2005

[GS04] Greenfield, Jack; Short, Keith: Software Factories: Assembling Applications with Patters, Models, Frameworks, and Tools. Indianapolis: Wiley Publishing, Inc., 2004

[SB07] Santos, Jezz; Bakker, Edward: Building Software Factories – Part 1, what are we building and why? http://msdn2.microsoft.com/en-us/architecture/bb871630.aspx; Online Resource, Abruf: 24. Mrz. 2008

Sicherheitsaspekte und Datenreplikation in einer SOA

Harald Schwecht / Thomas Reichmann / Joachim Saleyka / Christoph Reich

Harald.Schwecht@hs-furtwangen.de / Thomas.Reichmann@hs-furtwangen.de /
Joachim.Saleyka@hs-furtwangen.de / Christoph.Reich@hs-furtwangen.de

Hochschule Furtwangen - Informatik, Technik, Wirtschaft, Medien
www.hs-furtwangen.de

Inhalt

Zusammenfassung

Um flexibler auf sich ändernde Anforderungen reagieren zu können, kommen in der IT immer mehr Konzepte zum Tragen, die klar in Richtung Service-orientierte Architektur (SOA) weisen. Wie viele Unternehmen, so steht auch die Hochschule Furtwangen University vor der Aufgabe, zahlreiche Integrationsprobleme mit Altsystemen, Datenquellen oder Neusystem zu bewältigen. Diese unterschiedlichsten Dienste sollen lose gekoppelt durch eine SOA durch ein gemeinsames Portal integriert werden. Sehr zentrale Probleme sind dabei die Authentifizierung und die sichere Datenreplikation.

Dieses Dokument beschreibt, wie die Zusammenführung von Daten aus mehreren Datenquellen, durch den Einsatz eines Model-View-Control Konzeptes in einer SOA Hochschulplattfrom, realisiert werden kann. Hierfür wird ein eigens entwickelter Replikations-Service verwendet, der die Konsistenz zwischen verschiedenen Datenquellen sicherstellt. Zur detaillierten Regelung von

Zugriffen auf einzelne Dienste, steht ein auf Shibboleth basierendes Verfahren zur Verfügung, das darüber hinaus ermöglicht, über mehrere, verteilte SOA-Plattformen hinweg, Single-Sign-On zu realisieren.

1 Einführung

SOA (Service-orientierte Architektur) im Allgemeinen, ist der Versuch, den Bedürfnissen von Benutzern durch die Aufbereitung und den Verbund von Einzellösungen zu Services, bzw. einem Dienstleistungsangebot besser gerecht zu werden.

Eine SOA als Software-Architektur für den Studienbetrieb moderner Hochschulen, muss dementsprechend unterschiedliche bisher einzeln genutzte Systeme als Services integrieren und den Hochschulangehörigen als solche zur Verfügung stellen. Aus Benutzersicht sollen die angebeboteten Services auf die persönlichen Anforderungen der Studenten/Professoren abstimmbar, leicht zugänglich und umfassend sein.

Dieses Dokument zeigt eine Möglichkeit zum einfachen Aufbau einer komplexen SOA für eine Hochschule. Durch die Integration von "Services für Services" wird auf grundlegende Probleme von SOA-Architekturen reagiert. Ein Service für das Datenmanagement regelt beispielsweise den Datenaustausch zwischen Services und erledigt notwendige Datentransformationen. Ein weiterer eigenständiger Service regelt Zugriffsrechte auf die übrigen Services in der SOA der Hochschule und darüber hinaus weiterer, verteilter SOA.

1.1 SOA (Service-orientierte Architektur) – Die Architektur

Abbildung 1 zeigt schematisch eine Service-orientierte Architektur (SOA), deren verschiedene Ebenen und Aufgaben. Die Altsysteme (z.B. Mailing-System, Studentendatenbank, Bibliothek) finden sich alle in dem "Operational Systems Layer". Andere Kompenten wie SMS-System zur Benachrichtigung von Studenten, befinden sich im "Enterprise Componenten Layer" und dessen Userinterface in der Präsentationsschicht. Services, wie der Replikationsservice, befinden sich im Service-Layer. Eine Choreography von Services wird bei der Hochschul SOA noch nicht eingesetzt.

Dieses Zusammenspiel der Dienste in einer SOA macht insoweit Sinn, dass man Dienste während der Laufzeit voneinander aufrufbar macht und eine dynamische Einbindung von Funktionalitäten nutzt. Für dieses SOA-Konzept soll jedoch zu Grunde gelegt werden, dass eine Hochschule Dienste innerhalb der Intranets der einzelnen Fakultäten oder als zentrale Verwaltungsinstrumentation anbietet.

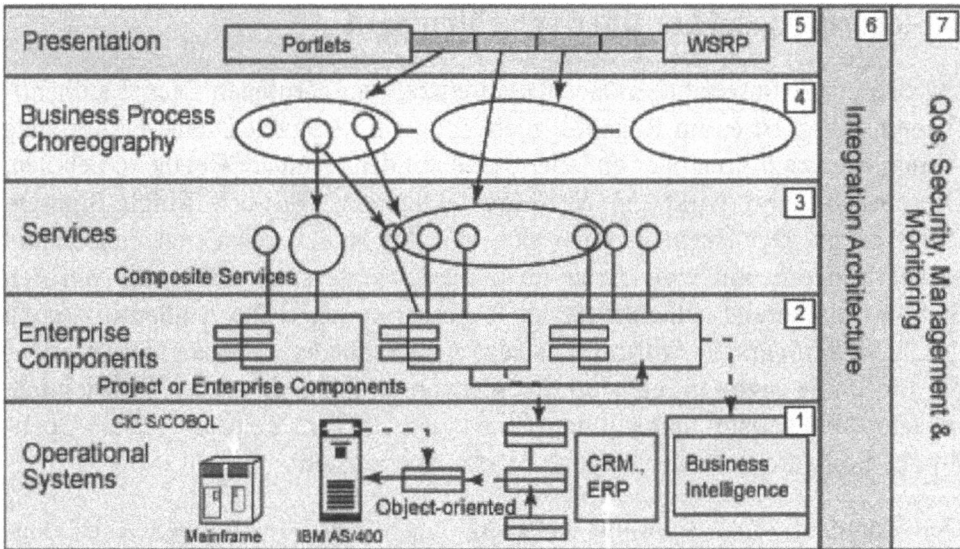

Abbildung 1: SOA Architekturbild [Ars04]

1.2 Design-Richtlinien und Eigenschaften von Services/Diensten[1]

- Ein Service ist in sich abgeschlossen und kann eigenständig genutzt werden.

- Services sind in einem Netzwerk verfügbar.

- Jeder Service hat eine veröffentlichte Schnittstelle. Für die Nutzung reicht es die Schnittstelle zu kennen, Kenntnisse über die Details der Implementierung sind nicht erforderlich.

- Die Benutzung von Services ist plattformunabhängig, d.h. Anbieter und Nutzer eines Dienstes können in unterschiedlichen Programmiersprachen auf verschiedenen Plattformen realisiert sein.

- Alle Services sind in einem Verzeichnis registriert.

- Die Services werden dynamisch gebunden, d.h. bei der Erstellung einer Anwendung, die einen Service nutzt, muss der Service nicht vorhanden sein. Er wird erst bei der Ausführung lokalisiert und eingebunden.

---

[1] Quelle: Bianco Phil,Kotermanski Rick, Merson Paulo: Evaluating a Service-Oriented Architecture. Software Engineering Institute der Carnegie Mellon University, September 2007 http://www.sei.cmu.edu/publications/documents/07.reports/07tr015.htm

2 Sicherheitsaspekte einer verteilten SOA

Da sich ein Benutzer gegenüber jedem einzeln aufgerufenen Dienst authenti-
fizieren muss, ist es im Regelfall nicht möglich, jederzeit Dienst-begreifende
Aktionen auszuführen oder an jeder Stelle auf den Benutzer Bezug zu nehmen.
Diesem Umstand wirkt ein Verfahren entgegen, das sich Single-Sign-On
(SSO) nennt. Der Benutzer muss sich, wie der Name schon sagt, nur einmal
authentifizieren und wird fortan in der Browsersession und somit von den
Services als bereits authentifizierter Benutzer erkannt. Die Authentifizierung
geschieht beim ersten Aufruf eines zugangsgeschützten Dienstes. Das Verfah-
ren für Single-Sign-On realisiert die Software Shibboleth[2], deren Entwicklung
im Jahr 2000 begann und seit dem 26.August 2003 im Release[3] 1.3 als Open-
Source Software unter der Apache 2 Lizenz bereit steht.

Der Benutzer muss sich nur einmalig gegenüber seiner eigenen Heimatinstitution (Hochschule-Identityprovider) authentifizieren. Hierdurch trägt
Shibboleth [Shib] nicht nur in vieler Hinsicht zur Vereinfachung, sondern
auch zur Sicherheit des SOA-Konzeptes bei. Der Benutzer muss sich nur ein
Benutzername-Passwort-Paar merken, welches nicht mehrfach übertragen und
in jedem einzelnen Service persistent aufbewahrt werden muss. Mit der
Authentifizierung des Benutzers über Shibboleth wird er per Umleitung zu-
rück zu dem von ihm ursprünglich angeforderten Dienst geschickt, zusammen
mit einem Handle[4] seiner Heimatinstitution. Über diesen Handle hat der
Dienst zusätzlich die Option Attribute, d.h. weitere Eigenschaften des
Benutzers, von der Heimatinstitution anzufordern.

Durch die Auswertung der angeforderten Attribute (SAML-Token) ist eine
Steuerung der Zugriffsrechte des Benutzers innerhalb eines Dienstes möglich.
Das Schaffen einer personalisierten Benutzerumgebung, mit einem genau
festgelegten Rahmen von Nutzungsmöglichkeiten, ist somit verhältnismäßig
leicht über den Service zu realisieren.

Attribute sind z.B. der Vor- und Nachname des Benutzers, seine Rolle
innerhalb seiner Institution, der Bereich, dem er zugeordnet ist (z.B. Fakultät
und Studiengang) und viele mehr.

---

[2] http://shibboleth.internet2.edu

[3] Die Version 2.0 befindet sich bereits im Betatest, Vgl. [CaLa07]

[4] Vgl. [Can06]

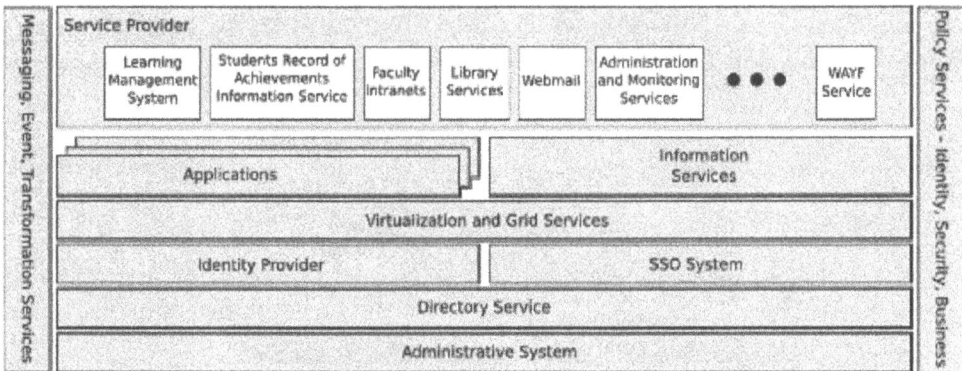

Abbildung 2: Sicherheitsaspekt einer SOA mit integriertem Verwaltungssystem

2.1 Authentifizierung und Autorisierung durch die Heimatinstitution

Ein Shibboleth IdP (Identity Provider[5]) wird durch die Installation der Shibboleth IdP Software realisiert. Zur Authentifizierung wird ein Verzeichnisserver oder eine sonstige Benutzerdatenbank einer so genannten Heimatinstitution (z.B. einer Hochschule) angebunden. Der Authentifizierungsvorgang gegenüber der Heimatinstitution erfolgt über ein weiteres SSO System (z.B. CAS, http://www.ja-sig.org/products/cas/), welches das eingegebene Benutzername-Passwort-Paar mit den Daten der Heimatinstitution vergleicht.

Soll ein Server die Dienste eines IdP nutzen können, muss er einen Eintrag beim IdP als Shibboleth SP (Service Provider) haben. Weiterhin muss dieser Server selbst mit einer Shibboleth SP Software ausgestattet sein.

Attribute unterliegen leicht einstellbaren Richtlinien für die Vergabe an definierte Dienste und werden im IdP konfiguriert. Die Attribute werden aus dem Verzeichnisdienst der Heimatinstitution ausgelesen, sobald die Vergabe erfolgen darf.

Dieser zentrale Ansatz einer Heimatinstitution mit ihren angebotenen Diensten kann ebenso einfach dezentral zu einer Föderation[6] ausgebaut werden. Dazu akzeptieren mehrere Institutionen die Nutzung einer Auswahl an Service Providern, d.h. Diensten, durch Mitglieder anderer Institutionen. Durch das Eintreten in eine Föderation vertrauen sich die Institutionen (SOA-Plattformen) und ermöglichen sich gegenseitig einen grundsätzlichen Zugriff auf eigene Dienste. Damit ist es beispielsweise möglich einen Bibliotheks-

---

[5] Vgl. [CaKl07]

[6] Vgl. [CaKl07]

katalog auch durch Nutzer einer anderen Heimatinstitution (aus der Föderation) durchsuchen zu lassen, um z.B. Bücher-Fernleihsystem zu unterstützen.

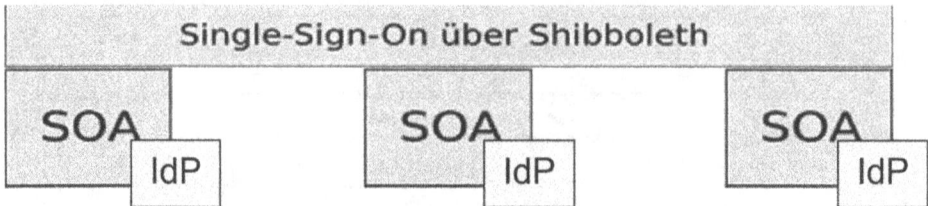

Abbildung 3: Föderativer Ansatz eines SOA-Konzepts

Die Konfiguration wird im jeweiligen IdP der Institutionen vorgenommen. Für den föderativen Ansatz wird zusätzlich ein WAYF Dienst („Where Are You From") benötigt, der alle der Föderation angehörigen Heimatinstitutionen kennt und diese auflistet, sobald der Benutzer einen Dienst aufruft und noch nicht einmalig während der Browsersession authentifiziert wurde. Der Benutzer kann aus der Liste seine Heimatinstitution auswählen und wird für die Authentifizierung zu dieser weitergeleitet. Der weitere Vorgang ist dann identisch mit dem des föderativen Ansatzes.

3 Datenmanagement für SOA

Datenmanagement für SOA heißt Regelung des Datenaustauschs zwischen Datenquellen und Datenzielen unter Nutzung von Diensten. Weiterhin umfasst der Begriff Management nicht nur Regelung des Austauschs, sondern auch die Regelung der Darstellung und des Formates der Daten. Innerhalb dieses Managements können Dienste zur Tranformation der Datenformate bzw. Anpassung auf die jeweiligen Anforderungen anderer Dienste eingesetzt werden.

Datenmanagement in einer SOA umfasst also sowohl den Datentransport, als auch die Datendarstellung.

Um eine Konsistenz der Daten auf allen Datenzielen zu gewährleisten wird ein geeignetes Konzept benötigt. Hierfür eignet sich das Model-View-Controller Konzept.

3.1 "Service" Model-View-Control zur Replikation

Als Model-View-Control (MVC) bezeichnet man ein Architekturmuster das wörtlich übersetzt als „Modell-Präsentation-Steuerung" bezeichnet werden könnte. MVC teilt ein Softwaresystem also in folgende drei Einheiten auf:

- Datenmodell (engl. Model)

- Präsentation (engl. View) und

- Programmsteuerung (engl. Control)

Das MVC beschreibt im Wesentlichen ein Muster für ein flexibles Programm-design, das spätere Änderung oder Erweiterung erleichtert und eine Wieder-verwendbarkeit der einzelnen Komponenten ermöglicht. Das Konzept beruht darauf, dass im Falle von Änderungen im Datenbestand (Model) die Pro-grammsteuerung (Control) an diese Präsentation (View) weitergeleitet wird und dort, falls notwendig, entsprechende Aktionen auslöst. Im nächsten Kapi-tel wird gezeigt, wie das MVC-Konzept auf einen Datenreplikationsservice angewandt wird.

Eine übliche Anforderung in einem verteilten System ist es Daten zu replizieren. Dies kann aus Gründen der Lastverteilung oder der Datenverfüg-barkeit auf verschiedensten Systemen notwendig sein. Bei dem MVC Ansatz definiert man eine Datenquelle (Model), einen Replikation-Service (Con-troller) und ein Datenziel (View).

Damit eine Änderungen der Datenquellen auf jedes Datenziel Einfluss nimmt, muss ein Dienst existieren (Controller), der Veränderung der Daten registriert und somit eine Änderung der anderen Zielknoten übergibt und veranlasst. Die Daten werden auf andere Datenziele mit eigenem Datenformat repliziert. Als View werden in dieser Architektur Endsysteme modelliert, welche die Daten-quellen in ihren eigenen (proprietären) Datenformaten darstellen und wiede-rum zur Verfügung stellen. Da Dienste eigenständige Prozesse sind und unabhängig von Datenquellen und Datenzielen sind, ist somit das MVC Kriterium der Eigenständigkeit erfüllt.

3.2 Service Model-View-Controller Konzept Beispiel

Am Beispiel des Authentifizierungsservices (LDAP-Service) soll stellver-tretend für zahlreiche andere Services gezeigt werden, warum und wie Daten-replikation in der SOA der Hochschule stattfindet.

Im SOA System der Hochschule Furtwangen wird bei der Authentifizierung über Shibboleth der Verzeichnisserver per LDAP als Datenquelle für den Identity Provider genutzt. Da die Erfassung und Pflege der Personendaten aber über das Hochschul-Informations-System (HIS) als führendes System geschieht, werden die Datenbestände des Verzeichnisservers aus den Daten des HIS-System gespeist. Des Weiteren wird das hochschulweite Learning Management System (LMS: Olat) durch HIS-Daten versorgt. Dieser Umstand erfordert eine Replikation der Datenbestände vom HIS-System in das LDAP-System und LMS. Um nun Daten nach dem MVC-Konzept zu replizieren, wird der HIS-Service als Datenquelle (Model) und der Verzeichnis-Service und LMS als Datenziel (View) definiert (siehe Abbildung 4).

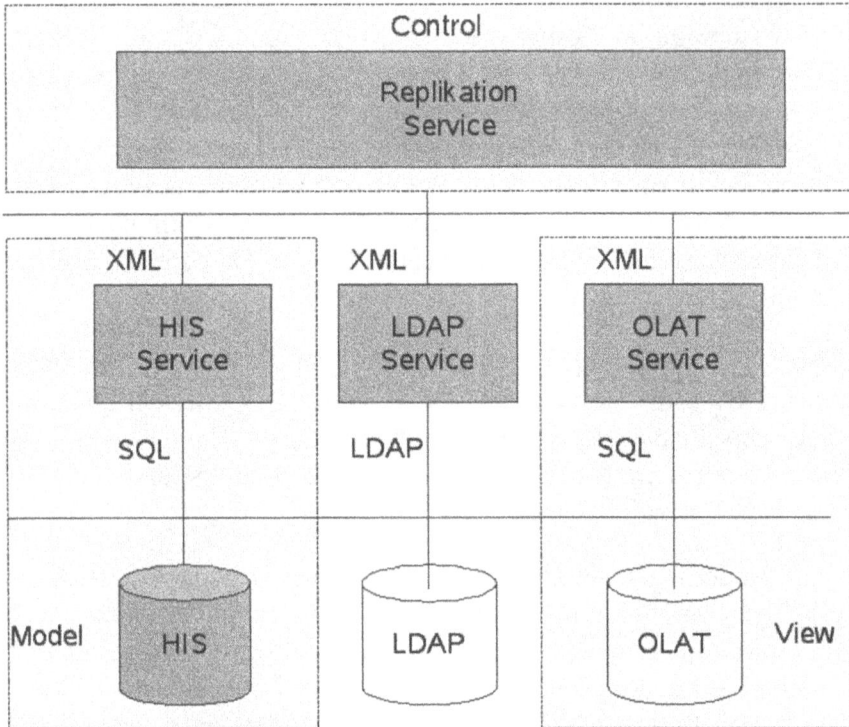

Abbildung 4: Model-View-Control Konzept der SOA

Wie im obigen Bild (Abb. 4) gezeigt, existieren sowohl für die HIS-Datenbank als auch für alle weiteren Datenbanken Informations-Services, welche die Daten im XML-Format anbieten. Die Aufbereitung der Daten wird von so genannten Transformations-Services erledigt. Diese Dienste wandeln beispielsweise eine XML-Datenanfrage in SQL-Statements um und stellen das Ergebnis wiederum als XML dar. Realisierbar sind solche Transformationen beispielsweise in OPENXML bzw. TransSQL. Hierdurch wird eine lose Kopplung erreicht.

Die Informations-Dienste besitzen eine standardisierte Schnittstelle, die Daten in einem definierten einheitlichen Format (XML) mit dem Controller austauscht. Ihre jeweils spezifizierte Schnittstelle führt den Datenaustausch über das Datenformat (z.B. SQL) aus, das dem Knoten überführt werden kann. Weiterhin wird der Knoten durch den Controller veranlasst, die Änderung mit den überführten Daten durchzuführen.

Damit die Daten aus der Datenebene beliebig transformiert werden können, gibt es ein META-DATA Repository. Dort könnten Muster (Sheets) vorliegen, die vorgeben, wie die Daten aus der Datenbank umzuformen sind. Dieser Ansatz liefert das Metadata Management.

3.3 Szenario Verzeichnisserver

Auf dem Verzeichnisserver sollen Benutzer anhand der Daten, die aus der HIS-Datenbank stammen, angelegt werden.

Der Zugriff auf den Verezeichnisserver geschieht über den LDAP-Dienst. Für den Import der Benutzerdaten müssen diese im ldif-Format vorliegen (einfache Textdatei).

Dieser Dienst würde z.B. auf eine Anfrage an den HIS-Service die Studentendaten von diesem in einem XML-Format geliefert bekommen. Die Anfrage wäre ebenfalls im Format XML.

- **Beispiel XML-Datei**
  <Name> Toni Tester <Name>
  <Email>Toni.Tester@hs-furtwangen.de>
  <Personal>Student<Personal>

- **Beispiel LDIF Datei: Student.ldif**
  dn: uid=ToniT, ou=Student, dc=hochschule, dc=hs
  objectclass: person
  objectclass: Student
  cn: Toni Tester
  sn: Toni
  uid: tTester
  mail: Toni.Tester@hs-furtwangen.de

Weiterhin würde der LDAP-Service durch den Controller zur Speicherung der Daten im Verzeichnisserver veranlasst.

Beispiel für einen einfachen Befehlsaufruf:

ldapadd -v -D dn="uid=admin,dc=hochschule,dc=hs" -w secret -f student.ldif

Durch die indirekte Kopplung der HIS-Datenbank mit dem Verzeichnisserver mittels eines Controllers können Änderungen in der HIS-Datenbank direkt zu entsprechenden Aktionen auf der Seite des Verzeichnisservers führen.

Wenn beispielsweise zu Semesterbeginn neue Studenten durch die Studentenverwaltung erfasst werden, erhalten diese Studenten automatisch einen Eintrag im Verzeichnisserver und damit einen gültigen Account.

4 Schlussbetrachtung

In dieser Arbeit wurde gezeigt, wie man mit der Shibboleth-Technologie durch Bildung von Föderationen Servicedienstleistungen für vertrauenswürdige (trusted) Institutionen einfach zur Verfügung stellen kann. Außerdem wurde das Problem der Datenreplikation durch ein Service-basierendes MVC vorgestellt und anhand eines realen Beispielszenarios ausgeführt. Es ist noch ein weiter Weg bis zur kompletten Umstellung der IT-Landschaft in eine Service-Landschaft nach SOA. Doch durch die lose Kopplung und die Möglichkeit heterogene System zu integrieren sieht man Schritt für Schritt den Mehrwert.

Literatur

[Bach97]   Bach, J.: Good Enough Quality: Beyond the Buzzword. In: IEEE Computer 8/1997, 96 – 98

[CaLa07]   Cantor, Scott/La Joie, Chad (23.04.2007): Shibboleth 1 Documentation – ShibTwoRoadmap,
https://spaces.internet2.edu/display/SHIB/ShibTwoRoadmap

[Can06]   Cantor, Scott (22.12.2006): Shibboleth 1 Documentation - SharedMemoryShibHandle,
https://spaces.internet2.edu/display/SHIB/SharedMemoryShibHandle

[CaKl07]   Cantor, Scott/Klingenstein, Nate (08.06.2007): Shibboleth 1 Documentation - DeploymentBackground,
https://spaces.internet2.edu/display/SHIB/DeploymentBackground

[Can08]   Cantor, Scott (1401.2008): Shibboleth 1 Documentation - JDBCDataConnector,
https://spaces.internet2.edu/display/SHIB/JDBCDataConnector

[Hump90]   Humphrey, W. S.: Managing the Software Process. SEI Series in Software Engineering. Reading/Mass. 1990

[KeJa96]   Kehoe, A. / Jarvis, R.: ISO 9000–3: A Tool for Software Product and Process Improvement. New York et al. 1996

[MeWeSa07] Melzer, Ingo/Werner, Sebastian/Sauter, Patrick et al. (2007): Service-orientierte Architekturen mit Web Services. Konzepte - Standards – Praxis, 2.Auflage, Heidelberg, München: Elsevier, Spektrum Akad. Verl., S. 11f

[Ars04]   Ali Arsanjani: Service-oriented modelling and architecture How to identify, specify, and realize services for your SOA; SOA and Web services Centre of E http://www.ibm.com/developerworks/library/ws-soa-design1/xcellence, IBM, 2004

[Shib]   (Stand: 14.01.2008): Internetpräsenz von Shibboleth, http://shibboleth.internet2.edu

Examination of OSOA's SCA Policy

Michael Dold
michael.dold@hp.com

HPS Consulting & Integration
http://www.hp.com

Inhalt

Abstract

The development of Service Oriented Architectures is a complex and time consuming task. The Service Component Architecture specification of the OSOA group aims to simplify the overall development process of SOA architectures.

This paper is an assessment of the approach of the recent specification 1.0 of the Service Component Architecture Policy Framework. For this purpose the SCA Assembly Model will be described shortly. Then this paper will examine the purpose and mechanism of the Policy Framework. The Role Model introduced by OSOA for development will be described and the Match Algorithm, an essential element of the Policy Framework will be examined. Finally a conclusion is given rating the approach of the Policy Framework.

1 Introduction

The most recent Service Component Architecture (SCA) specification, being Version 1.0, has been published in March 2007 by the Open Service Oriented Architecture collaboration (OSOA). OSOA is an informal group of 17 companies (like IBM, SAP, Sun, Oracle, BEA) sharing the common interest to develop a language-neutral programming model for Service Oriented Architectures [3], [4]. Another project of OSOA is Service Data Objects (SDO), which aims to provide consistent means of data handling within applications [3]. In April 2007 OASIS (Organization for the Advancement of Structured Information Standards) announced the foundation of a new Member Section called Open Composite Services Architecture [10]. Its main initiative is to advance standards that simplify SOA architecture development. Therefore Open CSA promotes the use and development of OSOA's SCA and SDO specifications.

The SCA specification aims to provide a model for building applications and systems using a Service-Oriented Architecture and focuses on using standards such as Web Services. The main idea is that business functionality is provided as a chain of services. These services are wired together to create a solution that serves a particular business need. SCA therefore provides a model enabling both composition and creation of service components. Reuse of existing and newly created components is an important aspect as well.[3]

The first draft of the SCA specification, being Version 0.9, has been published in November 2005. It did consist of the Assembly Model and Implementation Specifications for Java and C++. In July 2006 major improvements were added to the specification, like simplifying the model, increased generality of the SCA development model and clarified semantics. During these improvements the SCA Policy Framework was added to the specification, allowing to describe quality of services (QoS) and constraints as well. [3]

SCA hasn't got much attention yet. Mostly companies that are working within OSOA were referencing its specification. One major reason may be that there are not many complete implementations of the current specification available beside products from OSOA members. The recent interest of OASIS in SCA will change this though. Products implementing SCA specifications are available from vendors being members of OSOA, e.g. IBM's WebSphere Application Server 6.1 Feature Pack for SOA (supporting SCA version 0.9) or SCA Framework for SOA from Covansys. Some companies integrate SCA specifications in their own products or derived standards, like Oracle in its Event-Driven Architecture (EDA) Suite. There are some Open-Source implementations available like Apache Tuscany (bindings for Java and C++,

SCA Version 0.9), the Eclipse SOA Tools Platform Project, fabric3, PocoCapsule IoC & DSM, the Newton project and the Mule project. Interesting to note is that the SCA specification does essentially not state anything about how the SCA technology should be implemented, resulting in different approaches for each project. [5]

The general aim of the SCA is the design of SOA conform architectures leading to more flexible composite applications advocating the reusing of components. To achieve this, the specification of SCA addresses the three aspects of composition, assembly and policy. The first addresses the how to create components and the second how these components are wired together and the third aspect addresses Quality of Service. The main focus of this paper will be the SCA Policy Framework. The Policy Framework is meant for defining policies for security, authentication, quality of services and other important aspects of a service, for which the term Quality of Service is used in this paper. Quality of Services are defined outside of the concrete implementation of the service, allowing for changes in the policy without the need to touch the implementation [6]. Policies provide flexibility and enable reuse of a component in a different context [8]. First the Assembly Model will be outlined to provide a basic understanding of the entities involved in the Policy Framework. Then the Policy Framework will be described, showing what it is, what it is not and what its capabilities are. Then the Matching Algorithm will be examined. The Matching Algorithm is a essential part of the Policy Framework and is used for validating SCA models before deployment. Then a Quality of Service will be modeled by using the SCA Framework as an example. Finally this paper ends with a conclusion about the approach of the Policy Framework. SCA specific terms are introduced by writing them italic with capital initial letter. When referred later in the text only the capital initial letter is used to tag SCA terms.

2 SCA Assembly Model

For understanding the SCA Policy Framework it is necessary to explain the base terminology of the SCA Assembly Model.

The SCA Assembly Model is using several SCA specific artifacts, called SCA artifacts, for providing business functionality. The *Component* is the basic unit of construction in SCA and consists of a concrete implementation, which offers a desired business function. The business function is offered for use by others Components as *Services*. If a Component depends upon another Service for implementing its business functions, these dependencies are called *References*. Each *Implementation* may have settable *Properties* that are used to configure the Implementation.

services

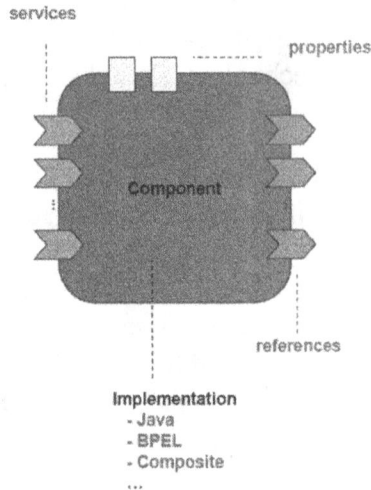

properties

Component

references

Implementation
 - Java
 - BPEL
 - Composite
 ...

Figure 1: SCA Component Diagram [1]

The Component needs to provide these data values for configuring its Implementations. SCA specification allows the use of many different implementation technologies. Generally Services and References let the Component communicate with another Component. The details about how this communication is happening are defined in the *Binding*. This leads to a distinct separation of business logic and communication details. A Binding is specifying the communication capabilities of the component. The connection between a Service and Reference is called *Wire*. A Wire is an abstract representation of the relationship between a Reference and some Service which meets the needs of the reference. Figure 1 shows the diagram of a Component and its subparts. [1], [7]

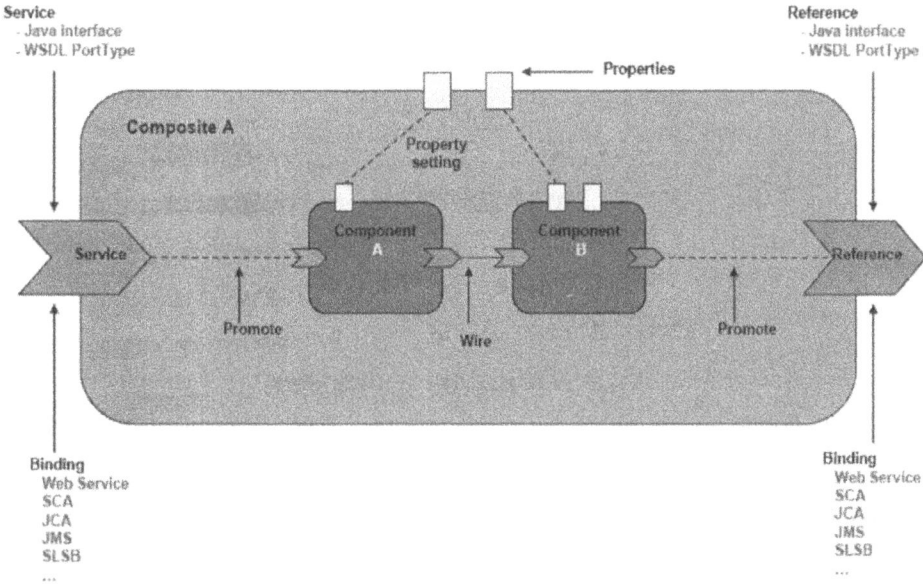

Figure 2:: SCA Composite Diagram [1]

The highest level artifact is a *Composite*, which describes an application providing particular business functionality and which is deployed in a *SCA Domain* being the logical runtime context for Composites. A Composite may contain Components, Services, References, Property declarations and the wiring that describes the connections between these parts. Figure 2 shows a sample Composite and its subparts. SCA Binding types implement particular communication mechanisms. They are used for connecting components with each other. [1], [7]

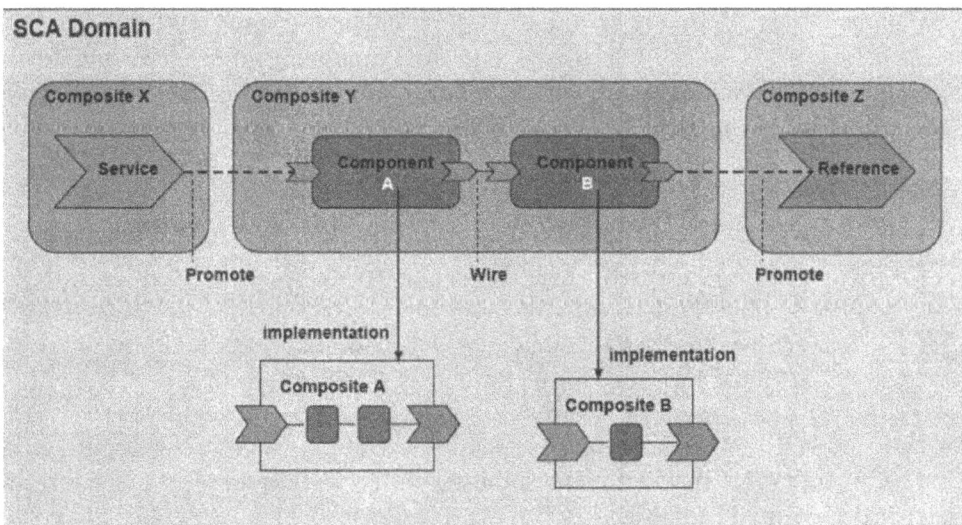

Figure 3: SCA Domain Diagram [1]

A Composite may combine different Components that use different implementation technologies, therefore allowing interoperability. Figure 3 shows a hierarchical Composite that is deployed in a SCA Domain. The SCA Domain is defined as a set of services providing an area of business functionality, e.g. account management. In the spirit of reuse the Composite may as well be used as a Component in another Composite (like the Compound Pattern [9]). This allows building upon hierarchical structures, defining high-level services that use low-level services internally for implementing business functionality. [1], [7]

The artifacts are defined in an XML file providing a portable representation of the SCA artifacts. [1]

3 SCA Policy Framework

3.1 Overview

The Policy Framework consists of several parts. One part is a role model, defining several different roles needed in policy creation and management. Another part is a description language on an abstract level and a mechanism for mapping the abstract definitions to concrete implementations for the QoS and a mechanism for checking the final model for validity.

On the level of policies, the SCA Framework distinguishes between two types of policies. The first type is called Interaction Policy and defines QoS of the connection between different SCA artifacts, e.g. requirements for security or reliable message transfer. Interaction policies are typically bound to Bindings. The second type of policy is called Implementation Policy and defines the local behavior of a SCA artifact, e.g. a Component must run inside a transaction [2]. The following statements about Policies apply to both. The only difference between them is their domain of influence.

SCA aims to provide a way to mitigate complexity from the developer. This is achieved by providing a declarative model for development. Therefore it starts with simple, relatively abstract requirements, which are called *Intents*. These Intents are later bound to concrete realizations, called Policies. In the language of SCA the Intent is an abstract policy, which is defining an intention or need of Quality of Service. The term Policy is used to describe a concrete realization of a policy which is satisfying a defined abstract Intent. [8]

The SCA container may validate a model before deployment. It is using a specifically defined Match Algorithm for this purpose. [2]

3.2 Intents

For describing Quality of Services, constraints or requirements on an abstract level, Intents are used. An Intent is an abstract assertion and consists of an identifier, being a String, and an informal text description. This description of an assertion is independent from any particular implementation technology and must be interpreted manually by the developer of the according Policy. Later the Policy Framework expects the mapping of concrete Policies that satisfy the Intent. It is possible to limit the use of an Intent to specific SCA artifact types or to add a list of other Intents that are required by this Intent. If a list of required Intents is specified, they all need to be fulfilled. Such an Intent is called *Profile Intent*. [2]

It is possible to declare high-level Intents, that may be satisfied by Policies satisfying one of a number of many low-level Intents. Such high-level Intents are called qualifiable Intents and the low-level Intents are called qualified. Profile Intents cannot be qualifiable Intents. Qualified Intents need to contain the name of the qualifiable Intent in their name as a prefix followed by a qualifier ".", e.g. `encryption.AES`. Qualified Intents inherit the "constraints" attribute from their qualifiable Intent. This attribute cannot be redefined in the qualified Intent. Qualifiable Intents allow expressing hierarchical structures. This means you can declare a single high level Intent, being called qualifiable. It can not only be satisfied by a Policy that does directly provide its Intent, but by any Policy that satisfies any of the Intents that are subtypes of the qualifiable Intent. Figure 4 shows the relations of all the different Intent types. [2]

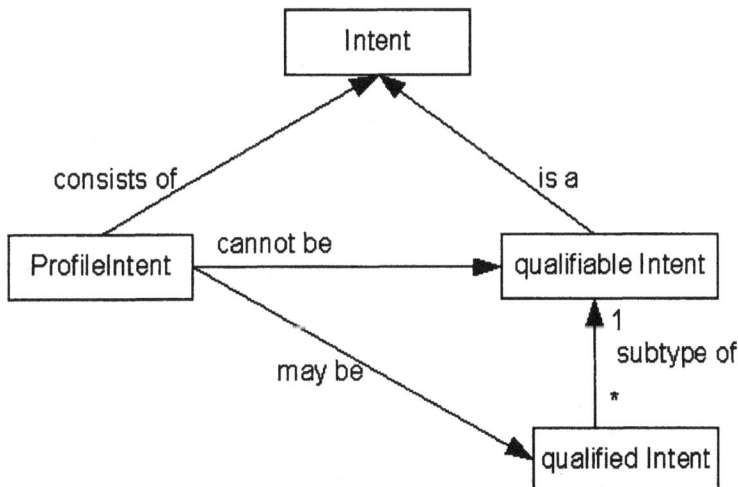

Figure 4: Diagram showing relations of Intent types

Example 1 shows two Intents, the first Intent is qualifiable. It defines the need for encryption and that it applies to Bindings. The second is a qualified Intent and defines the use of AES for encryption.

```
<intent name="encryption"
    constrains="sca:binding">
    <description>
        Encrypt messages.
    </description>
</intent>
<intent name="encryption.AES">
    <description>
        Encrypt messages using AES.
    </description>
</intent>
```

Example 1: Two Intents defining the need for encryption

All Intents are defined in a global, domain wide XML-based specification file, named definitions.xml. [2]

3.3 PolicySets

PolicySets provide the concrete satisfaction of an Intent. Each element of a PolicySet is a concrete policy that applies to some SCA artifact and provides an Intent. Each PolicySet needs to specify a name, being a xs:QName, a list of SCA artifacts it applies to and a list of Intents it satisfies. Additionally it may contain several children nodes, specifying the actual policy by using any Policy Description Language supported. For describing the concrete policy itself, the SCA Policy Framework expects the use of WS-Policy by default. WS-Policy is a specification of W3C that allows Web Services to use an XML format for advertising their policies (e.g. on security, QoS) and for Web Service consumers to specify their policy requirements [13]. OSOA decides for WS-Policy as a default policy description language because it is the most common language for expressing interaction policies. Anyway, the use of other policy description languages is possible though. [2]

Example 2 shows a possible PolicySet that satisfies the encryption Intent of Example 1.

```
<policySet
    name="encryptionPolicy"
    provides="encryption"
    appliesTo="sca:binding.ws"
    xmlns="http://www.osoa.org/xmlns/sca/1.0/"
    xmlns:wsp="tp://schemas.xmlsoap.org/ws/2004/09/policy/">
    <wsp:PolicyAttachment>
    <!-- policy expression and policy subject for encryption -->
    ...
    </wsp:PolicyAttachment>
</policySet>
```

Example 2: Example PolicySet for satisfying encryption Intent using WS-Policy

The specification of the "appliesTo" attribute is rather important, because the SCA Policy Framework does not check for the applicability of a PolicySet to a SCA artifact. PolicySets do always apply to a binding instance or implementation elements regardless of the used implementation technology which may be incompatible. The "appliesTo" attribute therefore supports the use of XPath expressions.

A PolicySet may specify its policies directly as child nodes or may use an *IntentMap* (see below). But if a PolicySet specifies a policy directly, the Framework assumes that all specified policies satisfy the provided Intents.

It is possible that one PolicySet refers to another PolicySet. This enables recursive inclusion capability for IntentMaps, policy attachments or other specific mappings from different domains.

Like the Intents, all PolicySets are defined in the same global, domain-wide XML-based specification file definitions.xml. [2]

3.4 IntentMaps

IntentMaps are child elements of PolicySets and are used to map concrete policies and policy subjects (any SCA artifact) for realizing a specific Intent, which is provided by a PolicySet. The value of each IntentMap "provides" attribute needs to correspond to an unqualified Intent provided by its parent PolicySet element. Does the PolicySet element provide a qualifiable Intent, then it must include an IntentMap that specifies all possible qualifiers for that Intent. Each IntentMap within a given PolicySet must uniquely provide for a specific Intent. The IntentMap contains the elements for the concrete Policy Description Language defining the policy itself. IntentMaps may define defaults for Intents provided by the PolicySet. [2]

3.5 Roles

The SCA Policy Framework propagates the use of different roles in the process of application development. There are four roles, being the Policy Administrator, the Developer, the Assembler and the Deployer. [2]

The task of the Policy Administrator is to define available Intents and PolicySets that realize the Intents on a global scale. The task to a Developer is to define Components. He should use Intents and PolicySets that are made available from the Policy Adminstrator but may create his own if needed. If any of his PolicySets is using an IntentMap its default choice may later be overridden by an Assembler or Deployer. The Assembler creates Composites. He may define his own Intents or PolicySets if needed. He may add additional requirements to Components in a Composite by adding appropriate Intents. He may as well override Bindings or PolicySets used by a Component. Finally the Deployer deploys the complete implementation into an SCA domain. He makes the final decisions about all configurable aspects of an implementation and he needs to assure that all required Intents are satisfied by PolicySets. Here the later explained Match Algorithm supports him in his task to verify this. [2]

Figure 5 shows the policy-related relations of all the roles proposed by the SCA specification.

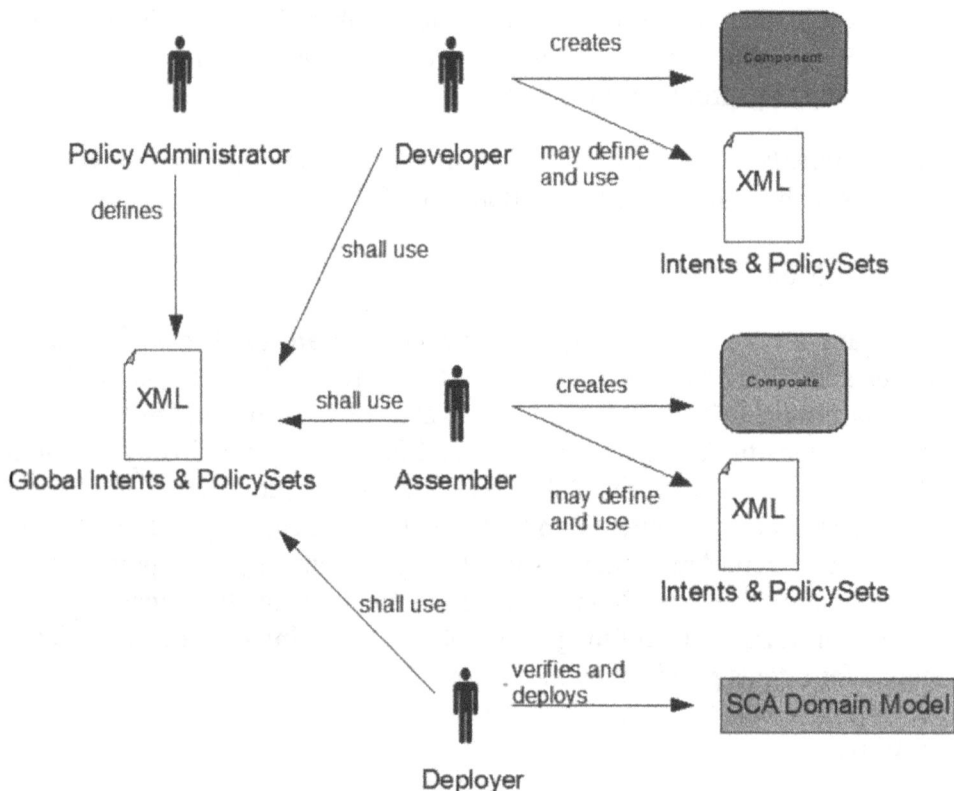

Figure 5: Roles during development process

3.6 Attaching Intents and PolicySets to SCA artifacts

It is possible to attach any Intent to any SCA artifact used in the definition of Components and Composites. In the same way one or several PolicySets can be attached. The SCA Policy Framework differs between two distinct cases for utilizing Intents and PolicySets. In the first case QoS requirements are specified by using Intents at the time of development. In this case appropriate Bindings and policies that satisfy the abstract Intent are chosen upon deployment time and not during development time. The concrete policies are part of the deployment environment. The second option is to specify both abstract Intents for QoS requirements and concrete policies during development time. The most common use case for the second approach is when dealing with Reference or Bindings elements, e.g. if a Binding provides

```
<composite requires="confidentiality">
    <service name="foo">
    <reference name="bar">
</composite>
```

by its nature a specific Intent. [2]

Example 3: High-level Composite requires "confidentiality"

Each child element of an SCA artifact needs to fulfill the Intents of its parent as well, like it is shown in Example 3. If a Composite requires "confidentiality" then all its subparts like Services and References require "confidentiality" as well without the need to specify it explicitly. They inherit the "confidentiality" Intent from their parent artifact. If a Service itself is a Component consisting of many other Services it requires the Intent as well. This allows specifying QoS requirements on a high-level construct without the need to touch each subpart of the construct. Figure 6 shows this, a Composite needs the Intent D. It consists of a service, requiring Intent A, a component requiring Intent B and a reference requiring Intent C. But because the Composite requires Intent D, all its components require it as well.[2]

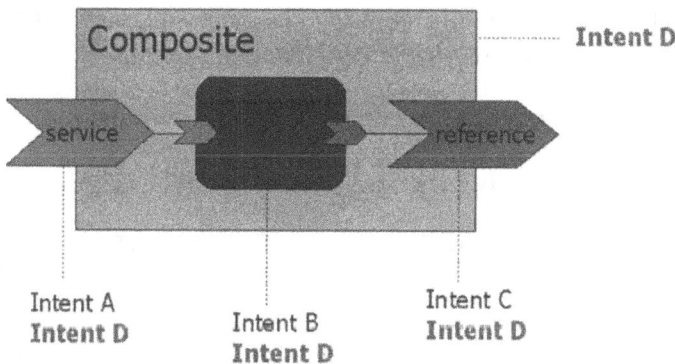

Figure 6: High-level Composite Intent is inherited by its components

Additionally it is possible to specify Intents and policies for a single Service, Reference or Binding on operation level. You can even specify Intents and PolicySets for a Component's implementation. How the Intent or policies are specified in this cases depends upon the used implementation technology. For example in Java you can use annotations. [2]

When validating policies for Wires, the SCA Policy Frameworks looks for potential compatible binding pairs. A potential binding pair is a pair of Binding instances, one on each end of the wire, that have the same binding type. Additionally the policies defined in their PolicySets must be compatible as well. The determination of compatibility will be done by the policy language contained in the PolicySets. But the SCA Policy Framework may decide the compatibility upon some simple characteristics, like e.g. both are referring to the same PolicySet. SCA specifications may as well define comparison semantics for specific policy languages. [2]

4 Match Algorithm

The Match Algorithm is used before a model is deployed in a SCA container. Therefore it will mostly be used by the Deployer. Its main purpose is to validate the model, which means to check whether all specified Intents can be matched to satisfying Policies. The algorithm constructs the set of policies that apply to an element of the model taking into account the explicitly declared PolicySets that may be attached to an element itself as well as all available PolicySets of the SCA Domain. Only for certain roles during development it is important to know how the algorithm is working. The Deployer is surely one of those, because he has to make the final decisions about the configuration before it is deployed. The algorithm works through eight steps that will be shortly described and are shown in Figure 7. Figure 8 shows a schematic course of events in a very simplified way. The following eight steps need to be performed for checking validity of a SCA Domain model:

(A)   Calculate the required Intent set of the target element.

(B)   Remove all directly supported Intents from this set.

(C)   Calculate list of explicitly specified PolicySets for the target element.

(D)   Remove all required Intents that are satisfied by the set of PolicySets from (C) from the set.

(E)   Choose the smallest collection of additional PolicySets that match the remaining Intents of the required set.

(F)   If there is no set of Policies that satisfies all required Intents of the element the whole configuration is not valid.

(G) If it is not possible to calculate a unique smallest collection of PolicySets, then the composite definition document is not valid.

(H) If all Intents are satisfied the configuration is valid.

If a configuration is not valid it does just mean that not all required Intents are satisfied. Anyway it is possible for a Deployer to force the deployment of the configuration. But behavior and options for such an action of the Deployer are not specified by the Policy Framework specification.

Steps A to D are rather straight forward, parsing the specification of all participating elements. These steps analyze the elements and identify applying Intents and PolicySets, matching both with each other.

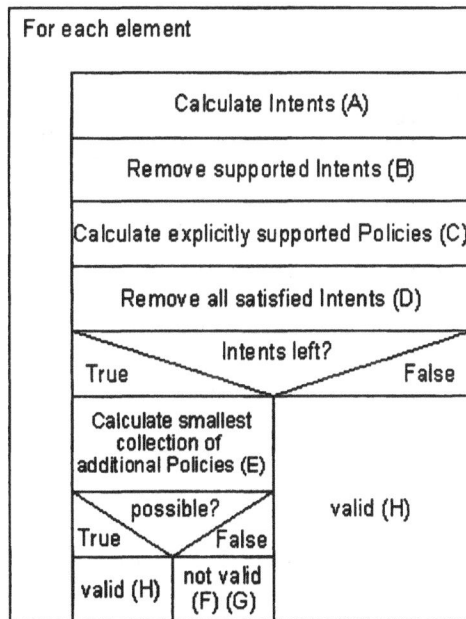

Figure 7: Match algorithm runtime diagram

Step E introduces a new problem. The algorithm shall find the smallest unique set of PolicySets that satisfies the remaining unsatisfied Intents. If this is not possible because ambiguity exists or there exists no smallest set, the specification advises to adapt the configuration by adding/removing appropriate explicit PolicySets or Intents. The problem of finding the smallest unique set of PolicySets is part of the exact cover problem family, which is NP-complete. NP-complete problems[11] are the most difficult problems in NP (non.deterministic polynomial time). The specification gives no indication how to efficiently solve this problem. There are four different ways for solving NP-complete problems approximately, depending on the problem and its complexity. The first approach is approximation by finding a single suboptimal solution within a given range of the optimal one. The second approach is probabilistic, which means an algorithm that yields good average runtime behavior. Third approach is special case, being a special algorithm that works efficiently for this specific kind of problem. The last approach is heuristic, being an algorithm that works reasonably well in many cases, but for which there is no proof that it is always fast and always produces a good result.

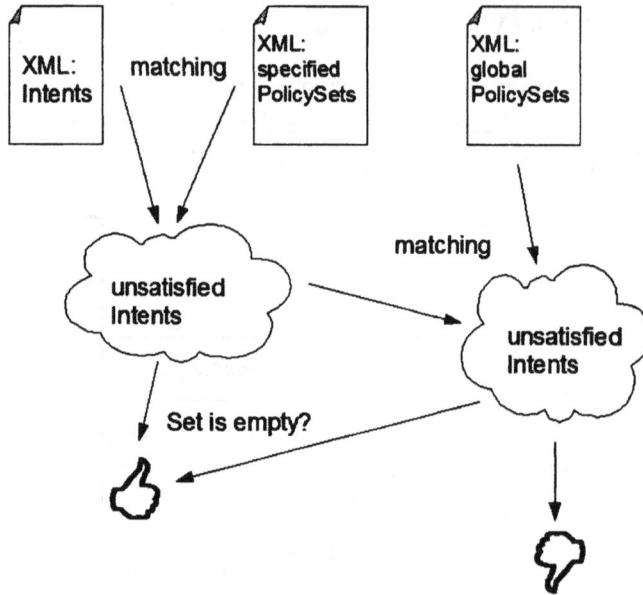

Figure 8: Schematic course of events of Policy Matching

The description in the specification is using a simple backtracking algorithm. All Intents that are unsatisfied are compared to SCA Domain wide available PolicySets. If a PolicySet satisfies the Intent, the Intent is removed and the search continues with the next unsatisfied Intent. If the number of Policies is small this may not be a big issue. But with increasing number of Policies the algorithm will need significantly more time to solve the problem. There are several more efficient algorithms to solve this kind of problem like e.g. heuristic search algorithms, depth-first search or Dancing Links (*AlgoX*) [12]. On the other hand, it should be necessary to examine in a real world situation how often step E needs to be performed. Additionally most Intents should be satisfied in steps A-D, therefore only a small number of unsatisfied Intents should be left in an optimal scenario.

The last steps, namely being step F to H are simply used to make the final decision, whether the configuration is valid or not.

5 Example

For showing the capabilities of the SCA Policy Framework, a performance QoS will be modeled. In this example the performance QoS expects a response time from a requested service to be less than 100 milliseconds.

```
<intent name="performance"
  constrains="sca:binding">
    <description>
        Response time less than 10ms.
    </description>
</intent>

<policySet
  name="performancePolicy"
  provides="performance"
  appliesTo="sca:binding.ws"
>
...
    <!-- specific policy language statements -->
...
</policySet>
```

Example 4: Performance Intents

First step is to create the Intent and a PolicySet that fulfills the Intent like shown in Example 4.

For modeling the performance policy a description language is needed that enables the modeling of such a quality. If none is available it is possible to develop your own and integrate it.

Now for the Deployment Phase, if any component requires the performance Intent but there is no policy providing this Intent the Match Algorithm will show this inconsistency. But if you got a performance policy the algorithm trusts in the labeling of the policy and cannot check whether the policy really provides means to fulfill the Intent. That is because the Match Algorithm does not comprehend the semantic description of Intents and Policies.

6 Conclusions

The SCA specifications address three aspects of an SOA application development. First composition, second assembly and third policy. Composition is the task of packaging a service and defining the mechanisms for publishing and providing its services. Assembly is about how to connect different components that need to work together and policy is all about restricting access and checking constraints as well as QoS.

These tasks tend to become more difficult in small and large enterprise business projects using SOA. Some reasons are many different enterprise APIs, persistence frameworks, network protocols and programming languages that may be used to realize the project. More than often legacy systems need to be integrated in a new solution and it is not possible to rely on a single technology. This heterogeneity adds immensely to the overall complexity of such a project.

SCA, both the Assembly Model and the Policy Framework add an additional layer on top that provides abstraction from the used technologies. Therefore it is possible to focus on the SOA aspects without the need to consider technological interdependencies. This simplifies the development process tremendously.

In terms of policies the advantages are that policies that apply to certain components are not declared within the component but outside of the component. This allows two things:

- reuse of the component under different conditions regarding policies.

- exchange of policies that apply to a component without the need to touch the components implementation.

Additionally the complete model is checked for validity before it is deployed. In this case the requirements of the model, expressed in Intents are checked against the capabilities of the infrastructure, expressed in policies. Inconsistencies are detected and developers may react accordingly.

Overall the development process is simplified and the use of principles like louse coupling and reuse is propagated. This leads to the following benefits:

- Rapid development and increase in productivity:
  SCA provides a simple technological-neutral component model for creating new components and reusing existing ones. Details of implementation are separated from component composition and

description. This enables bottom-up development with focus on business-related code rather than technology-related code.

- Higher organizational agility and flexibility:
  Support for top-down development approach. Components can easily be replaced as long as they share the same contract. Compositions can be adjusted to IT infrastructure requirements and even reused in different environments by the use of the Policy Framework.

SCA addresses the strategic requirements demanded by agile IT development. With the release of graphical development tools like the Eclipse SOA Tools, SCA closes a gap that has been left open by UML 2.0 specification [14] when modeling Service-Oriented Architectures.

The SCA specification offers plenty of options, but the real gain of using SCA depends strongly upon the chosen implementation of the specification. Still it is a very interesting technology offering alternatives to older approaches like EJB and JAX-WS for creating Java business logic in a SOA. Additionally it helps to integrate other technologies. The number of vendors and open-source community backing up the specification is large and promising. But questions like conformance and interoperability between different implementations are issues that need to be addressed in the near future.

References

[1]   OSOA SCA Assembly Model V 1.00 Specification;
        http://www.osoa.org/download/attachments/35/SCA_AssemblyModel_V100.pdf?ve
        rsion=1; March 21 2007

[2]   OSOA SCA Policy Framework V 1.00 Specification;
        http://www.osoa.org/download/attachments/35/SCA_Policy_Framework_V100.pdf
        ?version=1; March 21 2007

[3]   OSOA: Service Component Architecture Home;
        http://www.osoa.org/display/Main/Service+Component+Architecture+Home; May
        11 2007

[4]   OSOA: Current OSOA Supporters Community;
        http://www.osoa.org/display/Main/Current+OSOA+Supporters+Community; May
        11 2007

[5]   OSOA: Early Implementation Examples and Tools;
        http://www.osoa.org/display/Main/Early+Implementation+Examples+and+Tools;
        May 11 2007

[6]   OSOA: The Business Value Proposition of SCA;
        http://www.osoa.org/display/Main/The+Business+Value+Proposition+of+SCA;
        May 11 2007

[7]   OASIS SCA Tutorial Part 1; Presentation at OASIS symposium 2007 in San Diego; http://www.osoa.org/download/attachments/250/SCA_OASIS_Tutorial_part1.pdf?version=1; April 19 2007

[8]   OASIS SCA Tutorial Part 2; Presentation at OASIS symposium 2007 in San Diego; http://www.osoa.org/download/attachments/250/SCA_OASIS_Tutorial_part2.pdf?version=1; April 19 2007

[9]   Gamma, E.; Helm, R.; Johnson, R.; Vlissides, J.: Design Patterns: Elements of Reusable Object-Oriented Software. Addison-Wesley, Reading, MA. 1995

[10]   OASIS News: 2007-04-11: http://www.oasis-open.org/news/oasis-news-2007-04-11.php, May 23 2007

[11]   Garey, M.; Johnson, D.: Computers and Intractability: A Guide to the Theory of NP-completeness. B&T, 1979

[12]   Knuth, Donald: Dancing Links. Stanford University, http://www-cs-faculty.stanford.edu/~knuth/papers/dancing-color.ps.gz, May 23 2007

[13]   W3C; Web Services Policy 1.2 – Framework (WS-Policy) Submission; http://www.w3.org/Submission/2006/SUBM-WS-Policy-20060425/; June 28 2007

[14]   Object Management Group; Unified Modeling Language (UML), Version 2.1.1; http://www.omg.org/technology/documents/formal/uml.htm; June 28 2007

Asset Erhalt bei der Legacy Modernisierung

Out of the dark, into the light

Thomas Wölfle / Andrea Hemprich

Thomas.Wölfle@interactive-objects.com / Andrea.Hemprich@interactive-objects.com

Interactive Objects Software GmbH

www.interactive-objects.com

Inhalt

Zusammenfassung

Was bedeutet Softwaremodernisierung? Wie kann dabei vorgegangen werden und was ist dabei zu beachten? Diese Fragestellungen werden in diesem Beitrag betrachtet. Die Thematik der Softwaremodernisierung ist jedoch zu komplex und umfassend um erschöpfend behandelt werden zu können. So wird hier der oftmals unterschätzte Punkt der meistens notwendigen Migration von Bestandsdaten nicht adressiert. Insbesondere, wenn noch nicht migrierte Legacy Systeme und neue Systeme auf gemeinsame Daten zugreifen müssen, ergeben sich oftmals Anforderungen an zusätzliche Adapterschichten, welche die Daten für die jeweiligen Applikationen aufbereiten. Ferner stellen solche Szenarien eine Herausforderung an das Projektmanagement dar. Hier kann das phasenorientierte Vorgehen, wie es hier dargestellt wird, helfen. Aspekte wie Teamworking u.ä. wären einen eigenen Beitrag wert.

1 „Never touch a running system"

Dieser Leitsatz begegnet jedem Informatiker, sei es im ersten Praktikum oder im ersten Job. Bestehende Softwaresysteme, die ihre Aufgabe erfüllen, fasst niemand gerne an. Was aber soll geschehen, wenn man zum Bruch dieser Weisheit gezwungen wird, sei es durch technologischen, fachlichen oder finanziellen Zwang?

Welche Zwänge gibt es hier überhaupt und wie kann mit ihnen umgegangen werden?

Technische Zwänge ergeben sich oftmals aus absehbarem „end-of-life" von Betriebssystemen oder Plattformen. Sobald eine Plattform vom Anbieter nicht weiter unterstützt wird, kein Support mehr angeboten wird, steht die Software selbst vor ihrem Ende oder ihrer Modernisierung.

Unterstützt eine Software den sich im Laufe der Zeit ändernden Anforderungen / Requirements nicht mehr im geeigneten Maße, steht eine Modernisierung aus fachlichen Gründen ins Haus.

Aber auch rein finanzielle Motivationen, wie hohe Betriebskosten einer Bestandssoftware, zu teure Wartung oder der Bedarf an zu teuren Spezialisten für die Wartung, können eine Entscheidung für eine Modernisierung vorantreiben.

Die Lösungen sind ebenso vielfältig wie die Ursachen dieser Aufgabenstellungen und die Modernisierung von bestehenden Softwaresystemen wird in den nächsten Jahren eine der größten Herausforderungen an die Softwareindustrie bilden (Gartner).

2 Mögliche Lösungen

Abhängig von der Motivation und den Anforderungen kann entsprechend der nachfolgenden Graphik eine Option für die Anwendungsmodernisierung ausgewählt werden:

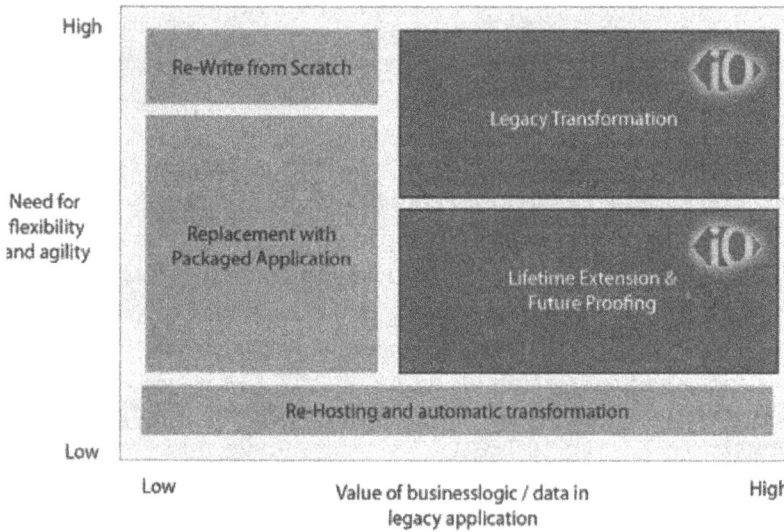

Abbildung 1: Möglichkeiten der Modernisierung entsprechend der unterschiedlichen Motivationen

Ein wichtiger Entscheidungsfaktor ergibt sich aus der Frage, ob die Legacy Applikation die aktuellen Geschäftsprozessanforderungen in geeignetem Maße abbildet oder nicht. Ist dies der Fall, so stehen Methoden wie das Re-Hosting und das Cross-Compiling zur Verfügung, die eine bestehende Applikation auf einer neuen Plattform zum Laufen bringen ohne an der Funktionalität oder der inneren Struktur / Architektur einer Applikation Änderungen vorzunehmen. Die Vorteile dieser Herangehensweise sind vor allem in der Tatsache zu sehen, dass es am Markt Anbieter gibt, die ein solches Vorgehen mit Tools und Services unterstützen und somit die Risiken eines Modernisierungsprojektes kalkulierbar machen. Der zeitliche Aufwand einer solchen Modernisierung ist deutlich unter dem zu sehen, den eine Neuerstellung einer vergleichbaren Applikation darstellen würde. Die Nachteile hingegen ergeben sich aus der Tatsache, dass bei diesem Vorgehen bewusst keinerlei Veränderung an der Applikation vorgenommen wird, weder in Bezug auf ihre Funktionalität noch in Bezug auf ihre Struktur / Architektur. Dies impliziert, dass die Umsetzung neuer Anforderungen zum einen außerhalb eines derartigen Modernisierungsprojektes realisiert werden muss und sich nicht in den Prozess einfügt, zum anderen aber auch, dass gerade streng monolithisch gebaute große Hostapplikationen, welche auf Grund ihrer Struktur bereits inhärente Nachteile aufweisen, nach der Modernisierung genau diese Nachteile immer noch in sich bergen. Re-Hosting und Cross-Compiling gewährleistet also keinerlei Qualitätszugewinn, sondern bildet eine Blackbox aus einer Technologie in eine neue Blackbox in einer neuen Technologie ab.

Bildet die bestehende Applikation die aktuellen Geschäftsprozesse nicht in ausreichendem Maße ab so muss ein anderer Ansatz gewählt werden.

Eine Neuerstellung (Re-write from scratch) eröffnet zwar die Möglichkeit, eine Applikation von Grund auf an den neuen Anforderungen sowohl von Geschäftsprozessseite als auch von technologischer Seite zu orientieren, scheitert jedoch oftmals an den folgenden Gründen:

1. Die hohen Kosten und insbesondere die mit einem solchen Projekt verbundenen Risiken schrecken viele Unternehmen ab, ein solches Projekt aufzusetzen. Die meisten heutigen Bestandssysteme sind über bis zu mehrere Jahrzehnte hinweg gewachsen und vereinen die Leistung von hunderten von Personen Entwickler Jahren in sich.

2. Gerade die lange Historie solcher Applikationen hat dazu geführt, dass oftmals die einzige verlässliche Wissensquelle über eine solche Applikation die Applikation selbst ist, also keine vollständige Spezifikation der Applikation außerhalb des Quellcodes verfügbar ist. Eine Portfolio-Analyse der gesamten vorhandenen IT-Landschaft mit einer oftmals hohen Zahl an Applikationen kann also Grundvoraussetzung sein, um eine fundierte Entscheidung zur Modernisierung fällen zu können.

Dieser zweite Punkt in Zusammenhang mit der Tatsache, dass auch bei geänderten Geschäftsprozessanforderungen eine Bestandsapplikation auch heute noch gültige Bestandteile beinhaltet, führt zu Überlegungen, bestehende Assets aus Bestandsapplikationen wieder zu verwerten, sei es nur in ihrer Funktionalität oder direkt in der Form, wie sie vorliegen, eventuell mittels Wrapper für eine neue Technologie (SOA Enabling).

Dieser Weg des Reengineering wird in dem nachfolgenden Kapitel 3 im Detail beleuchtet.

Um den Überblick über die Möglichkeiten abzurunden sollen hier noch zwei weitere Vorgehensweisen angesprochen werden. Zum einen das in der Literatur oftmals als Re-Fronting bezeichnete Vorgehen (siehe auch (Masak, 2006)), welches sich auf eine Art der Modernisierung von Benutzerschnittstellen von Applikationen bezieht, sich also ausschließlich der optischen Modernisierung widmet. Die Funktionalität der Applikation wird hierbei nicht geändert, lediglich wird das User Interface, auf eine neue technologische Dimension gehoben. Oftmals werden klassische 3270 Oberflächen durch WebFrontends abgelöst. Der Vorteil eines solchen Vorgehens kann in der höheren Akzeptanz von Web-basierten GUIs (Graphical User Interface) bei Neukunden liegen, der Nachteil liegt jedoch in der oftmals schlechteren Performanz der neuen Benutzeroberflächen und der Tatsache, dass geübte Nutzer mit den funktional sehr starken 3270 Oberflächen sehr effizient gearbeitet haben und viele Funktionalitäten (insbesondere die Funktionstasten) entweder gar nicht mehr zur Verfügung stehen oder aber durch Performanz verringernde Scripting-Ansätze nachgebaut werden. Re-Fronting stellt somit nur ein äußerliches Aufpolieren von Applikationen dar, also eine Modernisierung der Fassade.

Zum Anderen die Ersetzung von Bestandsapplikationen durch eine COTS Software[1]. Diese Option resultiert vor allem aus der Tatsache, dass zum Zeitpunkt der Applikationserstellung weniger COTS Software angeboten wurde und zum Anderen aus der Angleichung vieler Geschäftsprozesse über Unternehmensgrenzen hinaus, was den Einsatz einer solchen Software erleichtert.

Unabhängig von diesen fachlich motivierten Entscheidungskriterien darf die Frage nach den Risiken und deren Handhabbarkeit nicht unterschätz werden. Eine fachlich und technologisch sinnvolle Entscheidung bei Modernisierungsbedarf kann durchaus einer Entscheidung aus Überlegungen zum Risk Management zum Opfer fallen. Viele Bestandssysteme sind in den Zentren der Wertschöpfung angesiedelt und dienen den Kerngeschäften eines Unternehmens als Grundlage. Im Sinne der Risikobegrenzung müssen hier auch Überlegungen mitberücksichtigt werden, ob ein Weiterbetrieb, auch zu erhöhten Wartungskosten, nicht gesamtwirtschaftlich sinnvoll sein kann.

3 Reengineering

Unter Reengineering versteht man die Neuentwicklung eines Legacy Systems unter Beibehaltung der bestehenden fachlichen Funktionalität.

Wurde entschieden, dass ein Legacy System nicht weiter gewartet werden kann oder auch nicht mittels eines Re-Hosting- oder Re-Fronting-Ansatzes weiter betrieben werden soll, bzw. neue Anforderungen nicht mehr umgesetzt werden können, dann bleibt nur noch die Möglichkeit das System zu ersetzen. Dies kann, wie oben erwähnt, durch eine COTS Software erfolgen, sofern diese die fachlichen Anforderungen erfüllt. Ist dies jedoch nicht der Fall, so bleibt nur das Migrieren[2] des Legacy Systems. Geht es, zum Beispiel aus Kostengründen, darum, ohne fachliche Änderungen, das Legacy System so schnell wie möglich auf einer neuen Technologie wieder zum Laufen zu bringen, so bietet sich mitunter ein „Cross-Compiling" an. Dieser Ansatz eignet sich insbesondere bei kleineren und isolierten Systemen, bei welchen

---

[1] „Commercial Of The Shelf" Software bezeichnet kommerzielle Software. In Bezug auf die Modernisierung von Altsystemen gilt es immer auch zu betrachten, ob die Anforderungen, welche das Altsystem erfüllt, von einer zu kaufenden Software erfüllt werden.

[2] „Im Kontext von Legacysystemen ist die Migration der Vorgang des Übergangs von einer Implementierungsform in eine andere Implementierungsform" (Masak, 2006)

die Portierung in einem Schritt erfolgen kann und bei denen keine großen Abhängigkeiten zu anderen Systemen bestehen.

In realen Modernisierungsprojekten hat man es jedoch zumeist mit einer ganzen Landschaft von Legacy Systemen zu tun, in welcher einzelne Systeme, oder auch nach und nach die komplette Applikationslandschaft modernisiert werden soll. In solchen Fällen ist mit einem reinen „Cross- Compiling" meist nicht gedient. Zu dicht sind fachliche, aber auch technische Abhängigkeiten zwischen den Applikationen und zu sehr sind die Codebasen meist gewachsen, als dass man in einem Schritt eine Portierung vornehmen könnte. Auch sind es in solchen Modernisierungsprojekten zumeist nicht, oder nicht nur, Kostengründe, die für eine Modernisierung sprechen. Ein anderer wichtiger Motivator sind neue fachliche und technische Anforderungen an die Systeme sowie die generelle Anforderung an die IT, schnell auf Änderungen im Markt reagieren zu können. In diesen Fällen geht es um eine ganzheitliche Modernisierung eines oder mehrerer Legacy Systeme, bei der man um ein fachliches Redesign und um ein Reverse Engineering nicht herum kommt.

Hieraus ergeben sich zwei Anforderungen, welche im Folgenden im Detail erläutert werden. Zum Einen muss die bestehende Funktionalität des oder der Legacy Systeme erfasst werden. Man spricht hierbei von Reverse Engineering[3]. Zum Anderen müssen neue Anforderungen in das Design des neuen Systems einfließen können, was zu den klassischen Anforderungen eines Forward Engineerings gehört.

3.1 Das Hufeisen

Der einem solchen Reengineering Projekt zugrunde liegende Prozess besteht aus einer Reihe von iterativen und inkrementellen Phasen, welche in Form eines Hufeisens[4] dargestellt werden können. Ziel des Prozesses ist es eine Vorgehensweise zu definieren, wie relevante Information mittels eines Reverse Engineerings aus dem Legacy System rekonstruiert wird, um diese dann zusammen mit neuen Geschäftsprozessen und Anforderungen zu optimieren und in der Forward Engineering Phase mittels der „modernen" Technologie neu zu implementieren.

---

[3] „Schätzungen belaufen sich darauf, dass ein Anteil von 50-90% des Aufwandes eines Reengineering Projektes in das Verstehen des Systems investiert werden" (Masak, 2006)

[4] The Horseshoe Model (Seacord, et al., 2003)

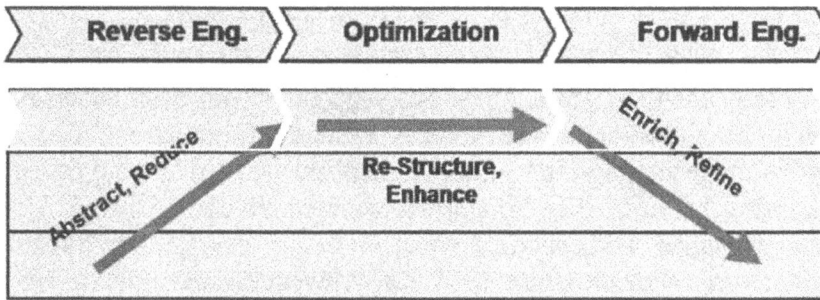

Abbildung 2: Die verschiedenen Phasen des Hufeisens

Besonderer Bedeutung kommt hierbei dem Projektmanagement und dem Controlling zu. Zu jedem Zeitpunkt zu wissen, welche Teile des Legacy Systems schon migriert wurden und welche noch nicht, ist unerlässlich für den Erfolg eines Modernisierungsprojektes. Ohne diese Information ist weder ein sinnvolles Reporting noch eine sinnvolle Aufteilung der Arbeit in einem Team möglich.

3.1.1 Weiterentwicklung des Legacy Systems

Hat man es mit einem großen, lange laufenden Modernisierungsprojekt zu tun, so wird das Legacy System, auch während die Modernisierung schon läuft, an aktuelle Anforderungen angepasst werden. D.h. es müssen kontinuierlich Änderungen am Legacy System in das rekonstruierte Fachmodell oder gar in einem schon neu implementierten Subsystem nachgezogen werden.

3.2 Reverse Engineering

Reverse Engineering bezeichnet das Entwickeln eines abstrakten Modells des Legacy Systems. Dabei unterteilt sich Reverse Engineering in die zwei Unterdisziplinen Redocumentation[5] und Design Recovery.

Nach (Masak, 2006) gilt:

> *„Ein Legacy System ist ein soziotechnisches System, welches Legacy Software[6] enthält"*

---

[5] „Unter dem Begriff Redokumentation werden alle Anstrengungen verstanden, ein für den Menschen verständliches Modell der Legacysoftware zu bauen" (Masak, 2006)

[6] "Legacy Software ist eine geschäftskritische Software, welche nicht, oder nur sehr schwer modifiziert werden kann" (Masak, 2006)

Ein Legacy System besteht demnach nicht nur aus der Software, sondern auch aus den Entwicklern der Software, dem Wartungsteam, den Domänenexperten und natürlich den Anwendern. Diese Aussage enthält im Kern schon eine der wichtigsten Erkenntnisse, um ein Legacy System erfolgreich auf eine modernere Technologie zu migrieren. Es gilt nicht nur den Code der Legacy Software in Betracht zu ziehen, sondern auch die mit der Software in Bezug stehenden Personen. Insbesondere wenn es darum geht die Architektur und das Design zu rekonstruieren, sind die Anwender und Entwickler eines Systems unverzichtbare Informationsquellen.

Vorbedingung für eine erfolgreiche Modernisierung eines Legacy Systems ist ein Reverse Engineering des bestehenden Systems. Ziel ist es, ein abstraktes Modell des Systems zu rekonstruieren, welches die fachlichen Aspekte erfasst. Als „fachliche Aspekte" werden hierbei die in dem Legacy System realisierten Entitäten, Geschäftsprozesse und -regeln verstanden. Hierbei lassen sich zwei Informationsquellen unterscheiden: zum einen der bestehende Legacy Code, zum anderen die Betreuer und Anwender des Systems. Die erste Quelle, der bestehende Legacy Code, kann mit Hilfe von Methoden der statischen Codeanalyse untersucht werden. Für die zweite Quelle, die Betreuer und Anwender, verwendet man klassische Methoden des Requirement Engineerings. Da das Ziel des Reverse Engineerings ein abstraktes Modell des Legacy Systems ist, bietet sich die UML als de-facto Standard unter den Modellierungssprachen an, um damit das rekonstruierte Fachmodell zu beschreiben.

3.2.1 Statische Analyse

Die statische Analyse im Rahmen eines Reverse Engineerings hat zum Ziel eine möglichst reduzierte Sicht auf den Legacy Code zu erzeugen. Technischer Infrastruktur-Code ist meist für eine fachliche Analyse unwichtig und kann ignoriert werden. Ebenfalls können andere Informationen wie zum Beispiel verwendete Namenskonventionen helfen, relevanten von irrelevantem Code zu unterscheiden. Hierzu ist es für die statische Analyse zumeist notwendig, entsprechende Analysewerkzeuge auf Besonderheiten des zu untersuchen Codes anzupassen, um entsprechende Muster im Code zu erkennen. Von besonderem Interesse bei der statischen Analyse sind „potentiell" fachlich relevante Programm- und Datenstrukturen, Aufruf- und Datenflussabhängigkeiten, Bibliotheks- und Plattformabhängigkeiten sowie Komponentengrenzen. Aus diesen lassen sich später Entitäten sowie Geschäftsregeln und -prozesse ableiten. Die Schwierigkeit besteht hierbei in der Unterscheidung dessen, was „potentiell" fachlich relevant ist und was nicht. Werkzeuge können hier mit Heuristiken helfen, potentielle Kandidaten im Code zu finden. Eine vollautomatische Analyse des Legacy Codes ist jedoch, wie leicht einzusehen ist, nicht realisierbar. Sind in dem Legacy Code bekannte Muster und

Konventionen verwendet worden, so ist es möglich die Heuristiken anzupassen, um bessere Suchergebnisse zu bekommen. Letztendlich ist die statische Analyse jedoch ein semi-manueller Prozess.

Die Qualität der Analyse, d.h. das Maß, in welchem man die Codebasis auf relevante Codefragmente reduzieren konnte, hängt maßgeblich von der Entropie des Legacy Codes ab. Hat man es mit einer Codebasis zu tun mit einem dichten Abhängigkeitsgraphen oder mit fehlender Strukturierung des Codes, dann wird man auch mit den besten Methoden einer statischen Analyse den zu betrachtenden Code nicht wesentlich reduzieren können. Ebenfalls relevant ist die Legacy Technologie selbst. Hierbei ist besonders relevant, ob es sich bei der Legacy Technologie um eine domänenspezifische Technologie / Sprache oder eine „General Purpose" Technologie handelt. So lässt sich z.B. COBOL-Code oftmals deutlich besser und effizienter analysieren als C-Code. Der Grund hierfür liegt darin, dass es sich bei COBOL um eine domänenspezifische Sprache mit einer begrenzten Ausdrucksmächtigkeit handelt. Zwar findet man auch in COBOL-Applikationen oftmals unstrukturierten und komplexen Code, mit Speicherverwaltungscode oder Pointerarithmetik wie in C wird man jedoch erfreulich selten zu tun haben.

Natürlich sind einer statischen Codeanalyse Grenzen gesetzt. Dynamische Aufrufbeziehungen zum Beispiel, oder implizite Relationen zwischen Entitäten lassen sich mittels dieser Methode nicht auflösen oder finden. Ein sinnvolles Komplement zu solch einem „analytischen" Reverse Engineering kann die Protokollierung und Auswertung des Laufzeitverhaltens des Legacy Systems sein. Für eine hinreichend abdeckende Menge von Testfällen lassen sich empirisch sowohl Kandidaten für toten Code feststellen als auch dynamische Abhängigkeiten auflösen. Voraussetzung ist allerdings eine Instrumentierung der Codebasis.

Hat man den Legacy Code analysiert, so interessiert nun natürlich, wie man von der reduzierten Codebasis zu einem fachlichen Modell gelangt.

3.2.2 Semantische Analyse

Neben der Analyse des Legacy Codes ist ein Reverse Engineering mit den Betreuern und Anwendern des Legacy Systems ein notwendiger Schritt, um mit dem System realisierte Geschäftsprozesse, -regeln sowie das Fachmodell zu rekonstruieren. Hierzu bieten sich zum einen Methoden der Geschäftsprozess-Modellierung als auch der Use-Case-Modellierung an. Zusammen mit den Informationen aus der statischen Analyse versucht man hierbei ein fachliches Modell des Legacy Systems zu erstellen.

Die Rekonstruktion der von dem System unterstützten Geschäftsprozesse ist hierbei von besonderem Interesse, da diese sich meist nur schwer aus dem Legacy Code extrahieren lassen. Je unflexibler ein Legacy System wird, desto mehr wird mit Workarounds versucht ein Legacy System an einen sich wandelnden Geschäftsprozess anzupassen. Sei es, dass Daten von den Anwendern des Systems einer neuen Interpretation zugeführt werden oder dass Schritte eines Geschäftsprozesses nur in den Köpfen der Anwender ausgeführt werden, nicht jedoch im System. Aus diesem Grund weichen Geschäftsprozesse und Entitäten, wie sie von den Anwendern verstanden werden, nicht selten von der Implementierung im Legacy System ab. Ohne die Einbeziehung der Betreuer und Anwender des Systems würde so ein Modell des Legacy Systems rekonstruiert, welches nicht den wirklichen Gegebenheiten entspräche.

Daher werden beide Methoden, statische und semantische Analyse, kombiniert, um von oben und von unten her gleichzeitig und iterativ zu einer Rekonstruktion des Fachmodells und der Geschäftsprozesse des Legacy Systems zu gelangen.

3.3 Optimization

Große Modernisierungsprojekte haben oftmals eine lange Laufzeit, mitunter von mehreren Jahren. Aufgrund der Größe und Komplexität, aber auch weil die zu modernisierenden Applikationen geschäftskritische Abläufe unterstützen, kann eine Modernisierung nur schrittweise vorgenommen werden. Das Vorgehen kann man hierbei als „Teile und Modernisiere" bezeichnen. Auf der Basis der Ergebnisse des Reverse Engineerings wird das Legacy System in Subsysteme aufgeteilt. Diese Subsysteme werden dann nach und nach migriert. Mitunter werden auch Subsysteme identifiziert, welche überhaupt nicht migriert werden sollen. Dies kann der Fall sein, wenn die Funktionalität des Subsystems nach der Modernisierung nicht mehr benötigt wird, oder wenn die Risiken einer Migration im Verhältnis zu dem Gewinn als zu hoch eingeschätzt werden. In jedem Fall entstehen hierbei jedoch Anforderungen an das Design und die Architektur der neuen Subsysteme. So müssen die schon migrierten Subsysteme mit den noch nicht migrierten interagieren können, und dies in beide Richtungen. Oder es muss auf gemeinsame Daten zugegriffen werden.

Auch aus neuen fachlichen Anforderungen an das System und der neuen Zieltechnologie ergebenen sich Anforderungen an das neue Design und die Architektur.

Bevor man, ausgehend von den Ergebnissen des Reverse Engineerings, in die Neuimplementierung des Legacy Systems oder eines Subsystems übergeht, bietet es sich deshalb an, das rekonstruierte Fachmodell entlang bekannter Patterns zu refakturieren (Kyte, et al., 2008).

3.3.1 Service Layer Pattern (Fowler, 2005)

Ein „Service Layer" definiert die „Systemgrenze" einer Applikation und die möglichen Operationen, welche diese Grenze bietet, aus Sicht der Clients. Ein „Service Layer" eignet sich daher, um eine wohldefinierte Zugriffschicht auf Legacy Systeme zu schaffen, welche von neuen oder schon modernisierten Applikationen verwendet werden kann, um auf die Funktionalität und Daten der Legacy Applikation zuzugreifen. Dieses Pattern findet zunehmend Verwendung, wenn versucht wird, eine SOA auf eine schon bestehende Applikationslandschaft zu setzen.

3.3.2 Gateway / Connector / Adapter Pattern

Wird im Rahmen einer Modernisierung eine COTS Software eingesetzt, um Teile der Funktionalität des Legacy Systems bereitzustellen, so entsteht die Anforderung, dass die COTS Software mitunter auf Funktionalität und Daten zugreifen muss, welche noch nicht migriert wurden. Ebenfalls kann die Anforderung entstehen, dass eine Legacy Software auf Funktionalität oder Daten der neuen COTS Software zugreifen muss. In diesen Fällen bieten sich die Gateway (Fowler, 2005), Connector (J2E08) und Adapter (Gamma, et al., 1995) Patterns an.

3.4 Forward Engineering

Hat man eine initiale Version des Fachmodells und der Geschäftsprozesse aus dem Legacy System rekonstruiert und notwendige Refakturierungen vorgenommen, so kann zu einem klassischen Forward Engineering übergegangen werden. Da die Ergebnisse des Reverse Engineerings und des Design Refactorings schon in einer wohlstrukturierten Form vorliegen (UML), bietet sich hier die Verwendung von Generatoren an, um aus dem Fachmodell und den Geschäftsprozessen zu einer Implementierung in der Zielarchitektur und Zieltechnologie zu gelangen. Insbesondere Proxy- und Adapterschichten für den Zugriff auf Daten und Funktionalitäten von noch bestehenden Legacy Systemen, aber auch generell technisch infrastruktureller Code lassen sich mit Generatoren aus einem Fachmodell effizient erzeugen. Die gängige Vorgehensweise ist in der Literatur unter den Bezeichnungen MDA (Model Driven Architecture), MDD (Model Driven Development) und Generative Programming eingehend behandelt.

4 Ausblick

Die Modernisierung von Altsystemen zählt in den nächsten Jahren zu den Herausforderungen an die Softwareindustrie. Es gibt verschiedene Möglichkeiten diesen Aufgaben zu begegnen. Wie wir gesehen haben, wird es in vielen Fällen keine Automatismen hierfür geben. Wie wir ebenfalls gesehen haben, lässt sich ein Bestandssystem nur bis zu einem gewissen Grad mit Werkzeugen analysieren. Der Abstraktionsschritt vom Code zum Design-Modell wird zumeist von dem Modernisierungsteam, welches das Altsystem analysiert, vollzogen werden müssen. Modernisierung von Altsystemen reiht sich somit ein in die Liste der Aufgaben der Softwareindustrie, welche in Form von Projekten bearbeitet werden müssen. Um diese Projekte erfolgreich durchzuführen wird dem Projektmanagement und dem Controlling eine wesentliche Rolle zukommen. Eine genauere Analyse der Anforderungen an das Projektmanagement und das Controlling sind somit die nächsten Schritte, welche betrachtet werden müssten.

Literatur

Fowler, Martin. 2005. Patterns of Enterprise Application Architecture. s.l. : Addison Wesley, 2005. ISBN: 0-321-12742-0.

Gamma, Erich, et al. 1995. Design Patterns: Elements of Reusable Object-Oriented Software. s.l. : Addison Wesley, 1995. ISBN 0-201-63361-2).

Gartner. Gartner Says IT Leaders Must Place IT Modernization at the Core of Their 2008 Objectives . [Online] [Zitat vom: 11. 03 2008.] http://www.gartner.com/it/page.jsp?id=611507.

J2EE Connector Architecture. [Online] [Zitat vom: 11. 03 2008.] http://java.sun.com/j2ee/connector/overview.html.

Kyte, Andy und Vecchio, Dale. 2008. What the CIO Should Know and Do About. [Online] 6. 2 2008. [Zitat vom: 11. 3 2008.] http://mediaproducts.gartner.com/reprints/microsoft/vol5/article1/article1.html.

Masak, Dieter. 2006. Legacysoftware. s.l. : Springer, 2006.

Seacord, Robert C., Plakosh, Daniel und Lewis, Grace A. 2003. Modernizing Legacy Systems. s.l. : Addison-Wesley, 2003.

Ulrich, William M. 2002. Legacy Systems - Transformation Strategies. s.l. : Prentice Hall, 2002.

Weise, Dirk, von Treskow, Benedikt und Moser, Walter. Redokumentation von Bestandssystemen. S. 12-17.

Teil 2: Tutorials

Tutorium: Aufbau und Architektur eines Codegenerators

Andreas Schmidt

andreas.schmidt@hs-karlsruhe.de

Hochschule Karlsruhe – Technik und Wirtschaft

www.hs-karlsruhe.de

Oliver Kusche

oliver.kusche@iai.fzk.de

Forschungszentrum Karlsruhe

www.fzk.de

Inhalt

Zusammenfassung

Im vorliegenden Tutorium soll der generelle Aufbau eines Codegenerators vorgestellt werden. Die Vorgehensweise ist hierbei vom Backend des Generators, über den Kernel zum Frontend. Dies hat den Vorteil, dass gleich zu Beginn ein Endergebnis (der generierte Code) vorliegt und anschließend die Details zur Erzielung dieses Ergebnisses erarbeitet werden können. Dabei wird dann die Template Engine des Generators, das interne Metamodell, das Importmodul, das externe Metamodell und die Transformation von XMI - dem Standardaustauschformat für Modelle - in das zuvor entwickelte Metamodell vorgestellt.

1 Prinzipielle Funktionsweise

Die prinzipielle Funktionsweise eines Generators ist in Abbildung 1 dargestellt. Der Generator erhält als Input eine abstrakte Modellbeschreibung sowie eine Reihe von Transformationsregeln, welche die Transformation des abstrakten Modells in den Quellcode beschreiben. Entscheidend ist, dass das Modell formal ist und die Modellbeschreibung in einer Form vorliegt, die von implementierungsspezifischen Details abstrahiert. Durch ein oder mehrere Modelltransformationen werden die Implementierungsdetails der Zielplattform hinzugefügt. Dadurch wird eine strikte Trennung zwischen der Fachlogik und den technischen Aspekten der Zielplattform erreicht.

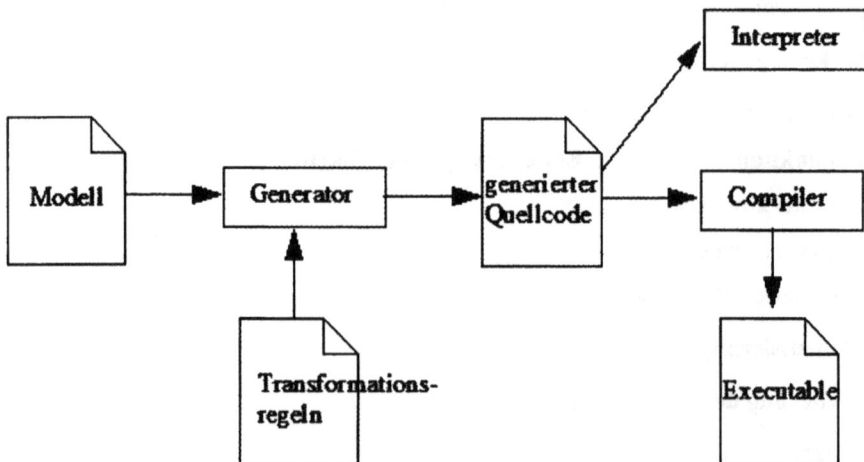

Abbildung 1: Prinzipielle Funktionsweise eines Generators

2 Vorteile generativer Softwareentwicklung

Herrington [Herr03] nennt vier Hauptvorteile generativer Softwareentwicklung, welche im Folgenden kurz vorgestellt werden sollen.

2.1 Qualität

Die Qualität der Software wird durch die Transformationsregeln bestimmt. Diese gewinnen mit der Zeit immer mehr an Qualität, so dass damit auch die Qualität des generierten Quellcodes zunimmt. Durch die automatische Transformationen werden Flüchtigkeitsfehler vermieden. Sind einzelne Transformationsregeln fehlerhaft, so treten diese Fehler an allen Stellen auf, die die fehlerhaften Transformationsregeln verwenden und sind somit leicht zu finden und zu korrigieren. Darüber hinaus erfordert die Entwicklung der Transformationsregeln bereits im Vorfeld eine wohldurchdachte Architektur, was sich ebenfalls positiv auf die Qualität der Software auswirkt, im Gegensatz zu einem sofortigen Beginn des Codierens. Die Umsetzung der zuvor überlegten Architektur in Quellcode erfolgt dann durch die Transformationsregeln.

2.2 Konsistenz

Quellcode, der mittels Transformationsregeln erzeugt wurde, ist in Bezug auf Benamung, Aufrufkonventionen sowie Parameterübergabe sehr konsistent, so dass dieser recht einfach zu verstehen und somit zu benutzen ist. Dies bietet weiterhin einen Ansatzpunkt für weitere mögliche Automatisierungen. Querschnittsfunktionalität wie beispielsweise Logging oder Fehlerbehandlung können an zentraler Stelle definiert werden und somit jederzeit geänderten Anforderungen angepasst werden (analog zu aspektorientierter Programmierung).

2.3 Produktivität

Die Produktivität bei der Entwicklung einer Anwendung steigt. Insbesondere wenn sogenannter Infrastrukturcode generiert wird, der oft als der langweilige Teil der Programmiertätigkeit angesehen wird, verbleibt mehr Zeit um sich um die eigentliche (spannende) Applikationslogik zu kümmern. Weiterhin kann schneller auf Änderungen von Anforderungen oder Designentscheidungen reagiert werden, da lediglich die entsprechenden Transformationsregeln angepasst und die Anwendung neu generiert werden muss.

2.4 Abstraktion

Das Modell stellt eine abstrakte Beschreibung der zu realisierenden Anwendung dar. Durch die strikte Trennung von fachlicher Logik (Modell) und technischen Aspekten (Transformationsregeln) reduziert sich die Komplexität. Dadurch ist wiederum eine bessere Integration von Fachexperten im Rahmen des Entwicklungsprojektes möglich, da diese bei der Entwicklung des Modells mit eingesetzt werden können. Ein weiterer Vorteil ist der leichtere Übergang auf eine neue Technologie, da lediglich die Transformationsregeln angepasst werden müssen und die Fachlogik des Modells gültig bleibt. Auf der anderen Seite können aber auch einmal entwickelte Transformationsregeln in anderen Anwendungen weiterverwendet werden.

3 Was kann generiert werden ?

Ziel ist die teilweise oder vollständige Generierung des Quellcodes für eine zu realisierende Anwendung. Der Automatisierungsgrad bewegt sich dabei meist im Bereich von 20% bis 80% der Anwendung. Bei webbasierten Anwendungen kann häufig ein Automatisierungsgrad von ca 60-70% erreicht werden. Typische Teile einer Anwendung, die generiert werden können, umfassen beispielsweise folgende Bereiche:

- Datenbankschemata

- Zugriffsschichten für Datenbanken

- Benutzerschnittstellen

- Teile der Applikationslogik

- Dokumentation

- Konfigurationen (z.B. im Zusammmenspiel mit Frameworks wie Struts, Spring, Hibernate, ...)

- Tests (Unit-Tests, Constraint-Tests, Generierung von Mockobjekten, Lasttests, ...)

- Wrapper

- Import/Export Module

4 Entwicklung des Generators

Im Folgenden soll nun mittels einfachster Mittel ein Mehrzweckgenerator aufgebaut werden. Dies erfolgt beispielhaft mittels der Programmiersprache PHP [TaLe06]. Die Gründe für den Einsatz von PHP sind Folgende: PHP ist eine Makrosprache und ist somit auch gleichzeitig als Templatesystem einsetzbar, was bei der Definition der Abbildungsregeln genutzt werden kann. Daneben gibt es aber auch noch spezielle Templatesprachen für PHP, die für diesen Zweck eingesetzt werden können. PHP zeichnet sich aufgrund seines primären Einsatzgebietes als Sprache zur Erstellung dynamischer Webseiten besonders durch mächtige Funktionen zur Zeichenkettenmanipulation aus. Dies ist ebenso bei der Generierung von Quellcode nützlich. Weiterhin existieren für PHP eine Vielzahl von frei verfügbaren Bibliotheken (PHP Extension & Application Repository - PEAR).

Andere für diese Aufgabe gut geeignete Sprachen sind etwa Perl, Python und Ruby.

Neben PHP kommen noch folgende Programme zum Einsatz:

- Ein XSLT-Prozessor zur Transformation von XMI in ein einfacheres Metaformat

- Das Unix-Werkzeug make [Meck04] zur Automatisierung des Gesamt-workflows

- Die Templateengine Smarty [GhHa07]

- Ein UML-Modellierungswerkzeug zur graphischen Modellierung

4.1 Funktionsumfang und Erweiterungsmöglichkeiten

Die Funktionalität des zu entwickelnden Generators beschränkt sich auf die Generierung von Artefakten basierend auf den Informationen eines einfachen Klassenmodells. Dies stellt für die prinzipielle Architektur jedoch keine Einschränkung dar. In Kapitel 6 wird gezeigt, wie der Generator erweitert werden kann, um weitere Modellelemente (z.B. Zustandsübergangsdiagramme) zu verarbeiten.

4.2 Generatorbackend

Der prinzipielle Aufbau des Generatorbackends ist in Abbildung 2 dargestellt. Das Backend ist für die eigentliche Erzeugung des Quellcodes (1) zuständig. Hierzu wird ein Template-System (2) eingesetzt, dessen Aufgabe es ist, durch

Trennung der dynamischen und statischen Anteile übersichtliche Abbildungs-regeln vom Modell auf die Zielsprache erstellen zu können. Dazu nutzt das Template-System als Eingabe zum einen die sogenannten Templates (3), in denen die Transformationsregeln für die Generierung des Quellcodes in Form von statischen Text und einfachen Kontrollflusselementen wie Schleifen und bedingte Anweisungen sowie Platzhaltern für die aus dem Modell stammen-den Informationen hinterlegt sind, und zum zweiten das der zu generierenden Anwendung zugrunde liegende Modell (4), welches die dynamischen Anteile des zu generierenden Quellcodes enthält.

Das Modell liegt im konkreten Fall in Form eines beliebig komplexen Objekt-netzes vor, das die zu modellierenden Artefakte wie Klassen, Attribute mit Typen sowie Beziehungen beschreibt.

Dem Modell liegt weiterhin das so genannte Metamodell (5) zugrunde, das die Modellierungsmöglichkeiten in Form von Klassen und den zugehörigen Methoden festlegt. Dieses Metamodell ist mittels PHP Klassen realisiert. Abbildung 3 zeigt einen Codeausschnitt zur Definition eines Modells mittels der Metamodell-API. In dem Codeabschnitt werden die beiden Klassen "Person" und "Film" mit ihren Attributen definiert und weiterhin noch die Beziehung "film_regisseur", welche eine 1:n-Beziehung zwischen Film und Person modelliert.

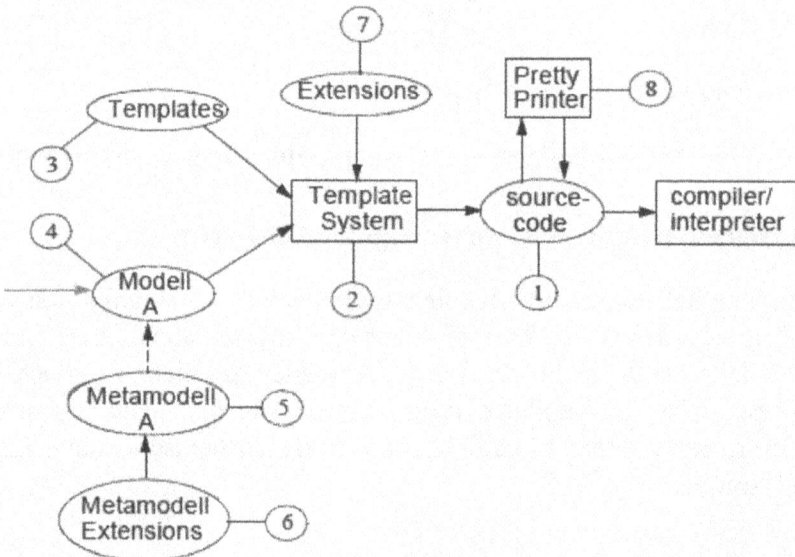

Abbildung 2: Generatorbackend

```
$model = MetaModel::createModel('Film DB');

$p = $model->addClass('Person');
$f = $model->addClass('Film');

$p->addAttribute('id','Integer',10, true);
$p->addAttribute('name','String',30);
$p->addAttribute('prename','String',30);
$p->addAttribute('birthday','date');
$p->addRelation('film', 'Film',0, -1, "film_regisseur");


$f->addAttribute('id', 'Integer',10,  true);
$f->addAttribute('title', 'String',50);
$f->addAttribute('year', 'date');
$f->addRelation('regisseur', 'Person',0 ,1, "film_regisseur");
```

Abbildung 3: Programmatische Modelldefinition

Ein Beispiel für ein Template ist in Abbildung 4 dargestellt. Das Beispiel zeigt ein Smarty Template zur Generierung des Datenbankschemata. Sprachelemente der Templatesprache sind durch [@ ... @]-Klammerung gekennzeichnet. Verfügbare Sprachelemente sind etwa Schleifen, bedingte Anweisungen, Variablenzuweisungen, der Aufruf weiterer Templates sowie der Aufruf von Eigenschaften und Methoden des Metamodells.

```
drop database if exists mdsd;

create database mdsd;

use mdsd;
[@ $model->setTargetSystem('mysql') @]

[@ foreach from=$model->classes item=class @]

  create table [@ $class->name @] (
    [@ foreach from=$class->attributes item=att @]
      [@ $att->name @] [@ $att->type @]
      [@ if ($att->length > 0) @] ([@ $att->length @]) [@ /if @],
    [@ /foreach @]
    primary key([@ $class->primary_key->name @])
  ) Type=InnoDB;
[@ /foreach @]

[@ include file="ddl_1_n_relations.tpl model=$model @]
```

Abbildung 4: Template zur Generierung des Datenbankschemata

Um die Erstellung der Templates möglichst einfach und übersichtlich zu gestalten ist es weiterhin oft hilfreich, für bestimmte spezifische Sprachkonstrukte der Zielsprache eine Erweiterung des Metamodells (6) oder des Generators (7) vorzunehmen, anstatt diese Sprachkonstrukte innerhalb der Templates (3) formulieren zu wollen.

4.3 Generatorkernel

Das eigentliche Herzstück des Generators wird durch den Generatorkernel repräsentiert. Abbildung 5 zeigt die Transformations- und Validierungs-komponenten des Generators. Durch die Methoden des Metamodells werden schon eine Reihe von Constraints im Modell überwacht, beispielsweise dass die Klassen unterschiedliche Namen haben und die Attribute von bestimmten vorgegebenen Typen sein müssen. Es gibt aber auch Constraints die sich so nicht erzwingen lassen, beispielsweise das Constraint, dass jede Klasse einen Primärschlüssel besitzen muss oder dass pro Klasse bestimmte Attribute/-Beziehungen vorhanden sein müssen. Zu diesem Zweck stellt der Generator eine Schnittstelle zur Formulierung von Validierungsregeln (11) bereit. Diese werden in Form von PHP-Methoden implementiert (12). Ein Beispiel für solch eine Methode ist in Abbildung 6 gezeigt. Diese Methode überwacht, dass jede Klasse einen Primärschlüssel besitzen muss. Die Methoden arbeiten ebenfalls wie die Templates auf den Eigenschaften und Methoden der Metamodell-API.

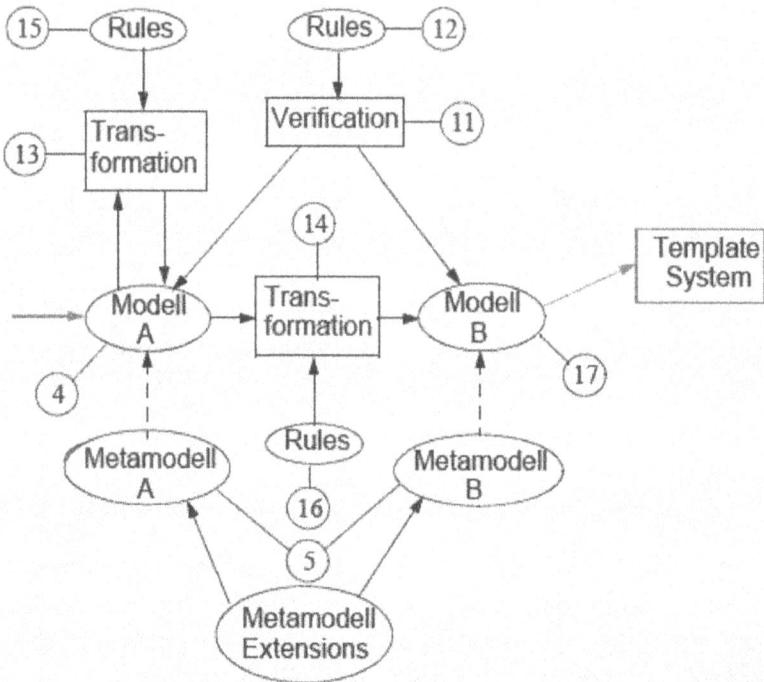

Abbildung 5: Generatorkernel

```
include_once 'MetaInterfaces.php';

class verify_primary_key implements MetaVerification {

  static function verify(MetaModel $model, &$error_list) {

    foreach ($model->classes as $class) {
      if (! $class->has_primary_key)
        $error_list[] = "Class '$class->name' has no primary key";
    }
    if ($error_list)
      $status = MetaVerification::ERROR;
    else
      $status = MetaVerification::OK;
    return $status;
  }
}
```

Abbildung 6: Verifikationsmethode

Weiterhin können Modelltransformationen (13, 14) formuliert werden. Im einfachen Fall handelt es sich dabei um Transformationen innerhalb desselben Metamodells (13). So können beispielsweise in einem Modell für jede Klasse zusätzliche administrative Informationen (created_at, created_from, ...) hinzugefügt werden (siehe Abbildung 7). Zur Formulierung von Transformationsregeln ist ebenfalls vom Generator eine Schnittstelle vorgesehen, welche die Formulierung von Transformationen in Form von Methoden (15) vorsieht. Weiterhin sind aber auch Transformationen (14) auf ein anderes Metamodell (16) möglich (z.B. auf ein Metamodell mit den Konzepten Tabelle, Attribut, Fremdschlüssel, Constraint, ...).

```
include_once 'MetaInterfaces.php';

class add_administrative_fields implements MetaTransformer {

  static function transform(MetaModel &$model) {

    foreach ($model->classes as $class) {
      $class->addAttribute('created_at', 'date');
      $class->addAttribute('modified_at', 'date');
    }
  }
}
```

Abbildung 7: Beispiel zur Modelltransformation

4.4 Generatorfrontend

4.4.1 Modell-Import

Bisher lassen sich Modelle ausschließlich mittels der im Metamodell vorhandenen Methoden aufbauen, d.h. programmatisch durch eine Reihe von API-Aufrufen. Dies ist jedoch nicht wünschenswert und so wird in einer Erweiterung des Generators ein XML-Format (Abbildung 8, Punkt 21) definiert, das die Formulierung des Modells als XML-Datei (22) erlaubt. Das Metamodell wird in diesem Fall durch die DTD (21) repräsentiert und legt somit fest, was in der Modelldatei alles formuliert werden kann. In einem Import-Vorgang (24) wird dann der DOM-Baum der XML-Datei erstellt und durch die in PHP zur Verfügung stehenden Methoden zur Bearbeitung von XML eine Transformation (24) auf das interne Modell (4) vorgenommen, d.h. es werden bei der Navigation durch den DOM-Baum die entsprechenden Methoden des internen Metamodells aufgerufen und somit die interne Modellrepräsentation (4) aufgebaut. Optional kann die XML-Datei (22) vor dem Import noch mittels einer XSLT-Transformation (25) modifiziert werden. Sinnvolle Transformationen auf dieser Ebene sind beispielsweise das Hinzufügen von weiteren Attributen.

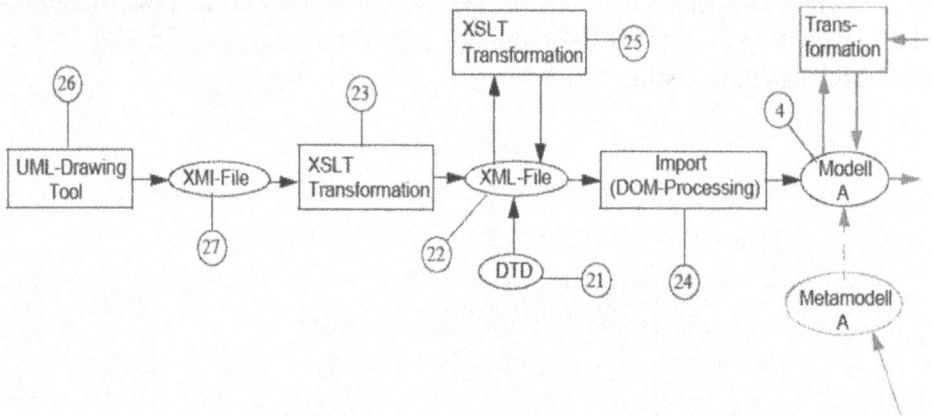

Abbildung 8: Generatorfrontend

4.4.2 Anbindung Frontend

Die Anbindung eines UML-Modelierungstools (26) wird durch die von den meisten Werkzeugen zur Verfügung gestellte XMI-Exportschnittstelle realisiert. XMI ist ein auf XML basierendes, standardisiertes Austauschformat für UML-Modelle. Zur Anbindung an den Generator muss somit lediglich ein XSLT-Stylesheet (23) entwickelt werden, das die relevanten Informationen aus der XMI-Datei (27) extrahiert und in das zuvor entwickelte XML-Format (22) transformiert. Es ist zwar auch möglich, auf das eigene XML-Format zu verzichten und direkt die XMI-Datei vom Generator zu importieren. Der Nachteil an dieser Varinate ist jedoch, dass XMI ein äußerst „geschwätziges" Format ist und sich der Import und die Transformation ins interne Metamodell um einiges aufwändiger gestalten als der Umweg über das Zwischenformat.

5 Automatisierung

Vom Erstellen des UML-Modells über den Export als XMI-Datei, der XSLT-Transformation ins generatoreigene XML-Format, den Modellvalidierungen/-transformationen, der eigentlichen Codegenerierung, basierend auf den erstellten Templates bis hin zu sich eventuell anschließenden Quellcodeformatierungen (Abbildung 2, Punkt 8) stellt ein kompletter Generatordurchlauf einen komplexen Workflow dar, bestehend aus vielen Einzelschritten und Abhängigkeiten. Um dies zu automatisieren, wird hier das Entwicklungswerkzeug "make" eingesetzt. Es erlaubt die Formulierung von Folgen von Arbeitsschritten sowie Abhängigkeiten, die dann eine bedingte Ausführung von Teilen des Workflows bewirken.

6 Erweiterung des Generators

Der soweit vorgestellte Generator unterstützt die Generierung von Artefakten, die aus einem einfachen Klassenmodell abgeleitet werden können. Im Rahmen der an der Hochschule Karlsruhe - Technik und Wirtschaft durchgeführten Vorlesungen als Wahlpflichtfach im Fachgebiet Wirtschaftsinformatik sowie weiteren gehaltenen Tutorien [Schm07] zeigte sich, dass ein sehr hoher Lerneffekt dadurch erreicht werden kann, indem man die Teilnehmer den Generator um zusätzliche Diagrammarten erweitern lässt. Für die Erweiterung bietet sich im Gegensatz zur initialen Vorstellung des Generators ein vorwärtsgerichteter Ansatz an, d.h. ausgehend von einer, von einem Modellierungstool generierten, XMI-Datei wird das eigene XM-Format erweitert und die entsprechende XSLT-Transformation angepasst. Anschließend müssen ebenfalls das interne Metamodell um die entsprechenden Konzepte erweitert und der Importfilter dahingehend angepasst werden. Als letzter Schritt sind dann zusätzliche Templates zu erstellen, bzw. die existierenden Templates zu erweitern.

Als Erweiterung ist beispielsweise die Hinzunahme von Zustandsübergangsdiagrammen oder die Hinzunahme des Vererbungskonzeptes beim Klassendiagramm geeignet.

Eine weitere lehrreiche Erweiterung ist die Abbildung des vorliegenden Meta-modells auf ein weiteres Metamodell, das die Konzepte relationaler Daten-banken repräsentiert und die anschließende Anpassung der Templates.

7 Schlusswort

Das vorgestellte Framework zeigt auf einfache Weise die Funktionsweise eines Softwaregenerators. Durch seine Erweiterbarkeit kann er sehr einfach auf eigene Bedürfnisse angepasst werden. Er soll jedoch keine Konkurrenz zu existierenden Werkzeugen darstellen, sondern wird schwerpunktmäßig in der Lehre eingesetzt. Nichtsdestotrotz lassen sich auf dieser Basis problemlos eigene Generatoren für Anwendungen konstruieren, bei denen sich die Einar-beitung in ein komplexeres Werkzeug nicht lohnt.

Literatur

[Herr03] Herrington, J.: Code Generation in Action. Manning-Publication, Greenwich, CT, 2003

[Meck04] Mecklenburg, R.: Managing Projects with GNU Make, Third Edition, O'Reilly, Sebastopol, 2004

[Schm07] Schmidt, A., Building a Multi-Purpose Generator Engine; Tutorial Session; 11th IASTED International Conference on Internet and Multimedia Systems and Applications, August 20 – 22, 2007 Honolulu, Hawaii, USA.

[GhHa07] Gheorghe, L., Hayder, H., Maio J.P.: Smarty PHP Template Programming and Applications, Packt Publishing

[StVö05] Thomas Stahl, Markus Völter: Modellgetriebene Softwareentwicklung. Techni-ken, Engineering, Management. Dpunkt.Verlag, 2005

[TaLe06] Tatroe, K., Lerdorf, R, MacIntyre, P.: Programming PHP, O'Reilly, Sebastopol, 2006

Tutorium: Modellgetriebene Softwareentwicklung mit Eclipse

Bernhard Merkle

Bernhard.Merkle@sick.de

SICK AG

www.sick.de

Inhalt

Zusammenfassung

In dieser Session werden die Möglichkeiten der modellgetriebenen Entwicklung mit Eclipse vorgestellt. Hierbei wird insbesondere das Eclipse Modeling Framework (EMF) und die weitergehende Modellierungsumgebung open Architecture Ware (oAW) verwendet. Eclipse ist hierzu eine ideale Entwicklungsumgebung, denn durch die Plugin Architektur werden nicht nur "Standard"-Entwicklungsumgebungen wie z.B. für Sprachen wie Java oder C/C++ unterstützt, sondern insbesondere die modellgetriebene Entwicklung.

Anhand eines konkreten Beispiels wird zunächst ein EMF Model und dazugehöriges Eclipse-Plugin erstellt. Im Anschluss ermöglicht oAW eine Modellverifikation und die Generierung von Source-Code.

Im einem weitergehenden Schritt wird dann zusätzlich eine Domain Specific Language (DSL) mit Hilfe von oAW erstellt. Dabei wird neben dem Meta-Modell auch eine konkrete Syntax für die DSL festgelegt. Die oAW Infrastruktur sorgt für eine komfortable Einbettung der DSL in die Eclipse Umgebung. Nachfolgend kann wieder eine Modellverifikation sowie Generierung (Modell oder Source-Code) durchgeführt werden.

Die Übungen können von den Teilnehmern am Laptop mit Eclipse+oAW selbst ausprobiert werden.

1 Modellgetriebene SW Entwicklung

Viele der heutigen Software-Entwicklungsprojekte sind einem ständigen Wandel unterworfen. Neben den engen Rahmenbedingungen wie Kosten, Zeit, Budget etc. erschweren auch noch oft neue oder sich oft ändernde Technologien die Erstellung von Anwendungen. Gerade der schnelle Technologiewelchsel stellt Projekte zunehmend vor Probleme.

Am Beispiel der Enterprise Java Beans (EJBs) lässt sich dies recht konkret belegen. Ungefähr alle 2 bis 3 Jahre hat Sun eine neue Version der EJB-Spezifikation vorgelegt und obwohl der Einsatz von EJB zum Ziel hat, dass Programmierer sich vermehrt um sog. Geschäftslogik kümmern können, verbringt man noch einen recht großen Anteil der Zeit mit der eigentlichen Technik, insbesondere auch mit dem Portieren von EJB 1.x Anwendungen auf EJB 2.x bzw. EJB 3.x. Auch wenn sich an der eigentlichen Fachlogik nichts ändert, die Technologie-Änderung erzwingt Modifikationen in der Anwendung. Da diese aber immer nach dem gleichen Schema durchgeführt werden bzw. die EJB-Komponenten einem gewissen Muster folgen, wäre auch eine automatisierte Erstellung denkbar. Man beschreibt gewissermaßen auf einem höheren Level die Anwendung (z.B. in einem technologie- bzw. EJB-unabhängigen Modell) und erzeugt durch einen Generator einen Großteil der Anwendung automatisch.

Ähnlich verhält es sich mit den GUI oder Oberflächentechnologien. Es gibt eine Vielzahl von GUI-Frameworks (z.B. Swing/AWT, SWT, QT, wx etc) oder für Web-Applikationen verschiedene AJAX-Toolkits. Die manuelle Übertragung einer "GUI Fat-Client"-Anwendung in eine Web-Anwendung ist aufwendig. Viel einfacher wäre es, hätte man die Oberfläche z.B. unabhängig von der konkreten Zieltechnologie beschrieben (als Modell mit allgemeinen Buttons, Labels, Tabellen, Feldern) und würde die konkrete Abbildung auf eine aktuelle GUI-Technologie (z.B. ein AJAX-Toolkit) automatisiert durchführen.

Nach den prozeduralen- und objekt-orientierten- Sprachen verspricht die modellgetriebene SW-Entwicklung eine vereinfachte, schnellere und flexiblere Erstellung von Anwendungen. Das verwendete Prinzip ist dabei nicht neu, sondern entstammt dem Compilerbau. Anstelle von Assembler-Code verwendete man sog. Hochsprachen und übersetzte mit einem Compiler die Hochsprache direkt in generierten Assembler-Code. Das gleiche Prinzip wird bei der modellgetriebenen SW-Entwicklung verwendet. Statt einer Hochsprache wird ein pattform- bzw. technologie-unabhängiges Modell verwendet und ein Generator erzeugt automatisch den notwendigen Sourcecode. Dieses

Tutorial stellt modellgetriebene SW-Entwicklung unter Einsatz einer auf Eclipse basierenden Toolkette vor.

2 Eclipse Plattform

Bekannt geworden ist Eclipse hauptsächlich als klassische Entwicklungs- umgebung (IDE) für Java, das sog. Java Development Toolkit (JDT). Dies ist aber nur eine spezielle Anwendungsmöglichkeit der Eclipse Plugin-Plattform. Mittlerweile gibt es auch für andere Sprachen (z.B. C/C++, PHP, Python, Perl, Cobol etc) entspr. Plugins, die eine sog. klassische IDE mit Editor, Compiler, Debugger und Code-Navigationshilfen zur Verfügung stellen. Die klassische IDE für bestimmte Programmiersprachen ist aber nur eine konkrete Anwendung der Eclipse Plattform.

2.1 Eclipse als generische Plugin-Plattform

Eclipse ist eine sog. Plugin-Plattform und kann aufgrund ihrer Flexibilität und Anpassbarkeit für ganz unterschiedliche Dinge verwendet werden, z.B.:

- Enterprise Development

- Embedded + Device Development

- Rich Client Plattform

- Application Frameworks

Der Enterprise Development Bereich umfasst Tools und Frameworks, die während des gesamten Software-Entwicklungsprozesses genutzt werden. Das umfasst den Bereich Modellierung, Entwicklungs-, Installations- und Test- Tools sowie den Bereich Reporting und Profiling. Hauptsächlich wird die Entwicklung von Java Enterprise Edition- bzw. Web-Anwendungen und Web- Services unterstützt.

Im Embedded + Device Development-Bereich sind IDEs für C/C++ Entwick- lung, mobile Java (J2ME) und mobile Linux vorhanden. Ein weiterer wichti- ger Punkt sind Tools, die das Target Management (Softwaredownload) und Debugging auf dem Gerät ermöglichen.

Die Eclipse Rich Client Plattform wird für die Entwicklung und Verteilung von Client-Anwendungen verwendet. Ein auf dem OSGi basierendes Kom- ponenten-Framework erlaubt Installation/automatische Aktualisierung der Client-Anwendungen auf unterschiedlichen Betriebssystemen.

Im Bereich Application Frameworks gibt es Unterstützung für die Erstellung von Anwendungen. Konkrete Beispiele sind z.B. die Modellierungs-Projekte bei Eclipse wie EMF, GMF oder UML2. Aber auch Frameworks für die Tool-Kommunikation oder für die Beschreibung von Software-Entwicklungs-prozessen (EPF = Eclipse Process Framework) kann man hier finden.

2.2 Eclipse als Modellingplattform

Eclipse betreibt ein umfangreiches Modellierungprojekt. Teilbereiche davon sind: Eclipse Modeling Framework (EMF), Model Query (MQ), Model Transaction (MT) Validation Framework (VF), Graphical Modeling Framework (GMF), Model to Model Transformation (M2M), sowie Generative Modeling Technologies (GMT).

Der wichtigste Teil ist das EMF Projekt. Auf Basis eines strukturierten Datenmodells können, durch Nutzung des Modellierung-Frameworks und der Möglichkeit Code zu generieren, neue Applikationen modellbasiert erstellt werden. EMF stellt hierfür die grundlegende Infrastruktur und Technologien zur Verfügung.

Open Architecture Ware (oAW) wiederum nutzt EMF und erweitert diese Konzepte für den industriellen Einsatz der modellgetriebenen Entwicklung. oAW dient als Tool um MDSD/MDA Tools zu erstellen.

Soweit es möglich ist, nutzt oAW die bereits im Eclipse-Modellierungsprojekt vorhandenen Technologien (z.B. Nutzung und Implementierung eines Modellrepositories mit EMF, Verwendung von einfachen Modelleditoren). oAW bringt aber auch eigene Erweiterungen mit, z.B. eine Sprache XText zur Vereinbarung von Domain Specific Languages, eine Sprache zur Prüfung von Constraints/Bedingungen auf einem Modell, einen Template-basierten und einfach anpassbaren Codegenerator sowie Standard-Workflows um bestimmte Aktionen wie z.B. Modell-Instanziierung, Modell-Überprüfung oder Code-Generierung durchzuführen.

3 Modellgetriebene SW-Entwicklung mit Eclipse

In diesem Tutorial wird gezeigt, wie man mit den zur Verfügung stehenden Eclipse-Technologien modellgetriebene Entwicklung realisieren kann.

Dabei gehen wir in zwei Schritten vor:

1. Zunächst wird für ein eigenes Metamodell die entsprechende Infrastruktur mit Hilfe des EMF (Eclipse Modelling Framework) erzeugt. Dabei entsteht ein neues Eclipse-Plugin, welches das eigene Meta-

modell unterstützt. Das Beispiel wird um Codegenierierung und Modell-verifikation ergänzt.

2. Im zweiten Schritt wird dann eine eigene DSL (Domain Specific Language) vereinbart. Dazu wird auch die Syntax der DSL mit Hilfe einer Sprache beschrieben. Das umliegende Framework ermöglicht dann die sofortige Nutzung der eigenen DSL mit Unterstützung durch die IDE (d.h. Editor Support wie Code-Completion, -Intellisense, Outline-View, Generator Support usw.).

Beide Schritte können von den Teilnehmern am eigenen Rechner nachvoll-zogen werden, d.h. sie werden live während des Tutorials durchgeführt. Folien und Handouts zeigen die jeweils notwendigen Aktionen noch einmal als Zusammenfassung.

Literatur

[MDSD] Modellgetriebene Softwareentwicklung. (Stahl, Völter, Efftinge) Techniken, Engineering, Management ISBN: 3898644480

[1]   Eclipse Project Homepage: http://www.eclipse.org/

[2]   Eclipse Modeling Project: http://www.eclipse.org/modeling/

[3]   Open Architecture Ware http://www.openarchitectureware.org/

www.ingramcontent.com/pod-product-compliance
Lightning Source LLC
Chambersburg PA
CBHW081110220326
41598CB00038B/7296